Moriz Rappaport

Hebräische Gesänge

Metrisch nachgebildet

Moriz Rappaport

Hebräische Gesänge

Metrisch nachgebildet

ISBN/EAN: 9783959135047

Auflage: 1

Erscheinungsjahr: 2017

Erscheinungsort: Treuchtlingen, Deutschland

Literaricon Verlag UG (haftungsgeschränkt), Uhlbergstr. 18, 91757 Treuchtlingen. Geschäftsführer: Günther Reiter-Werdin, www.literaricon.de. Dieser Titel ist ein Nachdruck eines historischen Buches. Es musste auf alte Vorlagen zurückgegriffen werden; hieraus zwangsläufig resultierende Qualitätsverluste bitten wir zu entschuldigen.

Printed in Germany

Cover: Maurycy Gottlieb, Betende Juden in der Synagoge an Yom Kippur, 1878, Abb. gemeinfrei

Meinem verehrten Freunde Herrn
Dr Schwabacher.

Aus der Vorzeit schönem Munde
Schallt das Wort so voll und klar,
Nur mit ihr in stetem Bunde
Wird das Große offenbar.
Rasch und flüchtig ist die Stunde,
Bald verrauscht was sie gebar;
Nur im ewgen Erinnrungsbunde
Lebt unsterblich was da war!

Dr Moriz Rappaport

Lemberg im April 860

Hebräische Gesänge.

Metrisch nachgebildet

von

Dr. Moriz Rappaport.

Leipzig,
in Commission bei C. L. Fritzsche.
1860.

Inhalt.

Zionsecho.

Aus geborstenem Gestein
Blinkt es hell wie gold'ges Schimmern,
Und ein überird'scher Schein
Bricht hervor aus Schutt und Trümmern.

Einen leisen, leisen Klang
Hört man durch Ruinen beben;
Blinkt und klingt Jahrtausend' lang,
Wie geheimes Geisterweben.

Zionsburg, so hehr und hoch!
Dich hat Frevlerhand zerschlagen,
Aber deine Trümmer noch
Glänzen wie in alten Tagen.

Jeder Stein, verwittert, stumm,
Spricht mit hellen Flammenzungen;
Uiber David's Heiligtum
Schweben die Erinnerungen,

Jener Tage, jener Zeit,
Als du reich an Ruhm und Ehre,
Aller Welt hast ausgestreut
Deine reine Gotteslehre.

Deine Söhne sind zersprengt,
Und es braust der Sturm, der scharfe,
Doch an jeder Weide hängt
Noch die alte Zionsharfe.

Ob verstummt der Psalter Schall
Und gesprungen ihre Saiten,
Doch der alte Wiederhall
Klingt hinein in uns're Zeiten.

Wer mit gläubigem Gemüt
Naht den Trümmern, dem Gemäuer,
Hört ein leises, leises Lied
Tönen die gebrochne Leier:

„Gottes Fluch hat dich erreicht,
Bist gejagt aus deinen Hallen,
Bist verweht wie Spreu so leicht
Unter allen Völkern, allen!

Dich hat Hohn und Schmach und Wut
Oft wie Töpferwerk zerschlagen,
Doch dein allerhöchstes Gut
Hast du mit dir fortgetragen.

Ob dir ird'sches Glück und Ruhm
Rasch wie Nebelhauch versanken,
Doch dein ew'ges Eigentum
Nahmst du mit — den Gottgedanken!

Jeder Jude, wo gebannt,
Wo die Heimat er gefunden,
Jeder Stein, den fromme Hand
Deinen Bergen hat entwunden;

Deines Jordans Flut, so kühl,
Aufbewahrt selbst im Gefäße,
Wie die Flut des alten Nil,
Künden laut Jehova's Größe!

Ob zerstoben und verweht,
Uiberall, wie einst im Osten
Fest und treu der Jude steht,
Unverzagt, ein Gottesposten!"

Also tönt es tief und bang
Durch Ruinen längst verwittert,
Bis der geisterhafte Klang
Voller, fast verständlich zittert:

„Jakob, der Erzvater ging
Aus der Heimat ein Verbannter,
Als ihn Finsterniß umfing
Rang mit ihm ein Unbekannter.

Rang mit ihm so lang und schwer
In der Nacht, der schaurig dunkeln,
Bis im Osten licht und hehr
Morgenroth beginnt zu funkeln.

Da ließ ihn der Engel los;
Jener Engel im Versagen,
Der so lang nur kühn und groß
Bis die Nacht weicht hellem Tagen. —

Israel! ein göttlich Bild!
Ohne Trübung, ohne Blendung
Forsch' nach Wahrheit, unverhüllt,
So vollbringst du deine Sendung.

Wo du weilst, ob dort, ob hier,
Ob auf dieser, jener Scholle,
Licht sei ewig dein Panier,
Licht die heilige Parole!

Stets soll dich der Strahl umweh'n
Dir am Sinai aufgegangen,
Und du wirst im Licht ersteh'n
Wie du lichtvoll untergangen!"

Also tönt es tief und bang
Durch Ruinen längst verwittert,
Bis der geisterhafte Klang
Voller, fast verständlich zittert.

Lemberg im Februar 1860.

Dr. Moriz Rappaport.

Jeremia's Klagelieder.

(Echa.)

I.

O Stadt so wüst, die einst so volkreich war!
Vereinsamt gleichst der Wittwe du fürwahr!
Der Länder Herrin und bei Völkern groß,
Nun traf auch dich der Frohne bittres Loos!

D'rum strömen ihre Zähren Nachts so bange,
Die Thrän' erstarrt auf ihrer bleichen Wange;
Nicht leiser Trost von allen ihren Lieben,
Die Freundschaft schwand — nur Feindschaft ist geblieben!

Ob Druk und Elend zieht Jehuda fort,
Bei Völkern ruht's — doch ist's ein Ruheort?
Im Drangsal fassen es die Dränger dort!

Die Straßen Zions, o sie trauern bang;
Zum frohen Fest fehlt ja der Pilger Gang.
Die Thore sind verödet — Priester stöhnen,
Jungfrauen wimmern, und sie — bittres Sehnen!

Jedoch die Feinde heben stolz das Haupt,
Und ihre Gegner prunken glükumlaubt;
Ob ihrer Sünden Wucht der Herr sie plagt,
Daß vor sich hin der Feind die Kindlein jagt.

1 *

Dahin ist Zions glänzendes Geschmeide;
Ach ihre Fürsten — Rehe ohne Weide,
Die kraftlos fliehen vor des Jägers Schneide.

Jerusalem, dem Elend nun geweiht,
Denkt an die Wonnestunden alter Zeit,
Da hilflos jetzt das Volk dem Feind erlegen;
Ob seinem Sturz welch schadenfrohes Regen!

Jerusalem, dich trifft der Sünden Last!
Und so besudelt, daß selbst Grau'n erfaßt
Die Buhlen, die da deine Schmach gesehen —
Sie selbst erbebt und will vor Scham vergehen.

In Schmuz versenkt, denkt sie der Zukunft nicht,
Daß Trost selbst ihrem Wunderfall gebricht.
Blik' du drein, Herr! auf meines Jammers Qual,
Es steigt ja immerfort der Feinde Zahl!

Die Rohheit wühlt in ihrem Glanz herum,
Barbaren dringen in ihr Heiligtum,
Und dein Gebot, ach! bleibet unvernommen:
Daß nimmer sie in die Gemeinde kommen.

Nach Brod nur stöhnt des eignen Volkes Schar,
Für einen Bissen reicht's sein Bestes dar
Des Lebens Kraft zu fristen. Ew'ger Gott!
O blik' herab, so tief beugt mich die Not!

Nicht euch, ihr Wand'rer! treffe solches Loos!
Merkt auf! wo ist ein Schmerz wie meiner groß?
Wie kam er rasch — wie elend er mich macht,
Seitdem des Ew'gen Zornesglut erwacht.

Von oben dringet Glut in mein Gebein
Und bricht's; legt Schlingen meinen Füßen ein,
Daß ich zurüke taumle. So zerstört,
Bleibt immerdar nur Siechthum mir gewährt.

Mein Sündenjoch, in seiner Hand verbunden,
Hält engverwebt den Naken mir umwunden;
Gelähmt an Kraft, gab mich der Herr sodann
Dem Druke preis, dem ich nicht stehen kann.

Gott brach in mir die mächt'ge Heldenkraft,
Ein Fest, als er die Jugend mir entrafft.
Als trete eine Kelter, zieht der Herr
Zerstörend über Judas Tochter schwer.

Und darum wein' ich, schwimmt mein Aug' in Zähren,
Daß Niemand Trost mir will und Mut gewähren,
Wenn meiner Söhne Stolz dem Leid erliegt,
Von roher Feindesübermacht erdrükt.

Vergebens ringet Zion ihre Hände,
Ach Niemand bietet ja des Trostes Spende!
Der Herr entbot gen Jakob rings die Dränger,
Jerusalem! und rein bist du nicht länger!

Gerecht ist Gott! stets war ich widerstrebend;
Ihr andern Völker alle! hört es bebend!
Blikt nur auf mich, und seht mein bittres Bangen —
Jungfrauen, Knaben zogen hin gefangen.

Ruf' ich die Freunde? trugvoll sie mich meiden!
Die Priester, Greise in der Stadt verscheiden.
Nach Speise geht ja einzig nur ihr Schalten,
Das arme Leben fristend zu erhalten.

Erbarmen Herr! o sieh den heißen Schmerz!
Mein Inn'res flammt, und in mir bebt das Herz.
Und war ich widerspenstig, rast das Schwert
Von außen wild, die Pest am heim'schen Herd!

Man hört mein Jammern — naht ein Tröster mir?
Der Feind jauchzt meinem Fall — er kommt von dir!
Ist erst der Tag, den du bestimmt, erschienen,
O dann gleich mir — also ergeht es ihnen!

Dann zählst du treu all' ihre Missethaten,
Dann schießen auf auch ihre Unheilssaaten
Gleich meiner Schuld. Das Ubermaß der Pein
Drang tiefzerstörend in mein Herz hinein.

II.

Wie hat dich Gottes Zorn umwölkt mit Nacht
Zion! vom Himmel schleudernd deine Pracht!
Am schweren Tag bestimmt zum Strafgericht,
Gedenkt er seiner „Füße Schemel“ nicht.

Stürzt schonungslos die Stätten Jakobs alle,
Jehudas Vesten bringt sein Grimm zum Falle,
Macht sie der Erde gleich. — Das Reich entweiht,
Und mit ihm seiner Fürsten Herrlichkeit!

Israels Horn hat er im Grimm zerstört,
Und seine nerv'ge Faust vom Feind er wehrt,
Daß er in Jakob rast ein Flammenspeer,
Der Alles niederschmettert rings umher.

Ja! feindesgleich er selbst den Bogen spannt!
Straff wie ein Gegner stemmt er seine Hand;
Bricht alle Augenweid' in Zions Zelt,
Sein Zorn wie Feuerglut hernieder fällt.

Ja, wie ein Feind zerstört er Israel,
Und alle die Paläste glänzendhell,
Und alle seine Vesten stürzt er ein,
In Juda sammelnd Angst und Jammerschrei'n.

Wie man am Garten die Umhegung bricht,
So schont er seiner Stiftungshütte nicht;
Hinschwinden Fest- und Sabbattage düster,
Und schont im Zorn nicht König und nicht Priester!

Altar und Heiligtum verschmäht, geschändet!
Dem Feind die festen Mauern zu er wendet.
Sein frecher Ruf erschallt im Gottesort,
Als wäre heil'ge Festversammlung dort.

Zerstörung hat Gott Zion zuerkannt!
Die Schnur gespannt — es zukt die Rächerhand!
Und traurig sinken Zwinger hin und Mauer,
Und über Trümmern weht Vernichtungsschauer!

Die Thore Schutt — die Riegel sind zertrümmert!
Der König — wie die Fürsten — ach, verkümmert,
Verbannet unter Völkern ohne Lehre,
Propheten selbst fehlt das Gesicht, das hehre!

Stumm sitzen Zions Greise, leiderfüllt,
Ihr Haupt in Asch', ihr Leib im Sak gehüllt,
Und tief zur Erde senkt den Blik so klar
Jerusalem! ach! deine Töchterschar.

In Thränen bricht mein Aug', es flammt mein Herz!
Die Galle überströmt mir fast aus Schmerz,
Ob meines Volkes Sturz, da in der Stadt
Der Hunger Säugling, Kind bezwungen hat.

O Mutter! wimmern sie, gib Wein und Brod!
Verkümmern in den Straßen, wie zu Tod
Verwundet. Und so ringt der Geist sich los,
Verscheidend in der armen Mutter Schoß.

Jerusalem! was nennen und erreichen
Das Zion dir zum Trost sich läßt vergleichen?
Dein Sturz ist endlos wie das Weltenmeer,
Wer beut für solche Wunde Balsam her?

O! deine Seher? Trug- und Listerfüllt
Sie haben nimmer deine Schuld enthüllt,
Vom Abweg dich zu lenken. Ihre Leitung
Gab dir nur falsche, trügerische Deutung!

Jerusalem! die Wand'rer mutberaubt,
Die Hände ringend, schütteln bang' das Haupt:
„Ist dies — o sagt! — die Stadt der hohen Sendung?
Des Erdball's Lust, die Krone der Vollendung?“

Darauf die Feinde nehmen voll den Mund,
Hohnzischend, knirschend geben sie dann kund:
„Wir haben sie verschlungen, und erstrebt
Ist nun der Tag, erhofft! erreicht! erlebt!“

So ward zur That das längstverheiß'ne Wort
Der Gottheit: niederreißen immerfort
Und schonungslos! Mit Lust den Feind beleben,
Und deiner Widersacher Haupt erheben!

Hörst du ihr Freudgeschrei zum Himmel stürmen
Zion? laß Zähren sich wie Ströme thürmen,
So Tag wie Nacht! O, gönn' dir nimmer Rast,
Daß träge Ruhe nicht dein Aug' erfaßt.

Dein Klag'lied töne Nachts, beim Wachbeginn';
Ergieß' dein Herz vor Gott wie Wasser hin.
Empor die Hand! um deiner Kinder willen,
Die halb verhungert alle Straßen füllen.

O Gott! so hast du Keinen heimgesucht!
Wie? Mütter zehrend an der eig'nen Frucht,
Am Kindlein treu gepflegt! im Heiligtum
Bringt Mörderfaust Prophet und Priester um!

Da liegt auf off'ner Straße Knab' und Greis,
Jungfrauen, Jünglinge des Schwertes Preis.
Am Zornestag hast du sie hingestrekt,
Gewürgt, und nicht dein Mitleid ward erwekt!

Riefst Nachbarn rings so wie zum Fest heran!
Am Rachetag, ach! Keiner blieb — entrann.
Die sorgsam ich gepflegt, ach! all' die Lieben,
Der wilde Feind hat alle aufgerieben!

III.

Ich selber sah des Elend's Plag'
Vollbracht durch deines Zornes Schlag.

Wie faßt es mich, und jagt mich schwer
Durch's Dunkel ohne Stral einher.

Und rastlos ach, und wuterfüllt
Streft's wider mich die Kralle wild.

Schlägt sie in Haut und Fleisch mir ein,
O! und zerschmettert mein Gebein.

Drängt mich in Zwingers enge Haft,
Wo gift'ges Leid zerstörend schafft.

Senkt mich in finst'rer Grüfte Schacht,
Gleich Todten längst in Grabesnacht.

Mein Kerker jeden Ausweg wehrt,
Weil eh'rne Kette mich beschwert.

Wie sehr mein Schmerz auch stöhnt und klagt —
Das Flehen selbst ist mir versagt.

Legt Felsstük meinem Pfad herum
Und macht mir meine Wege krumm.

Ein Bär der lauert, ist's für mich,
Ein Leu im Dickicht, fürchterlich.

Verirrt, fällt er mit Wut mich an,
Wie bin ich elend allsodann!

Es spannt den Bogen, stellt mich hin,
Daß seines Pfeiles Ziel ich bin.

Und tief in meiner Nieren Theile
Versenkt es seines Köchers Pfeile.

Daß ich zum Spott dem Volk sogar,
Sein Hohngelächter immerdar.

Mit bittren Speisen es mich nährt,
Dem Durst nur Wermut es gewährt.

Bricht mir die Zähn' mit Kieseln schwer,
Wälzt mich im eklen Staub umher.

Daß ich auf Seelenruh' verzichte,
Und mein': es sei all Glük zu nichte.

Und mein': jed' Aussicht ist jetzt fern
Und nichts zu hoffen mehr vom Herrn.

Erinn'rung selbst des Leid's, der Qual,
Ist Wermut mir und Gift zumal.

Wenn sie ach, schaudernd auf mir steigt,
Fühlt sich die Seele tief gebeugt.

Doch pfleg' ich mit dem Herzen Rath,
Dann neue Hoffnung frisch mir naht:

„Noch ist des Ew'gen Huld so groß,
Und sein Erbarmen grenzenlos.

An jedem Morgen immer neu,
Und unermeßlich seine Treu'!"

Dann „Gott mein Theil!" jauchzt auf die Seele,
Darum als Hort ich ihn erwähle.

Weil huldreich er, die auf ihn hoffen,
Der Seele, die ihn sucht, so offen.

Ja wohlgethan! wer in der Stille
Vertraut auf Hilf' durch Gottes Wille.

Und jener Mann hat echte Tugend,
Der schon das Joch trägt in der Jugend.

Der einsam sizt und unbewegt,
Ist's ihm doch einmal auferlegt.

In Demut tief den Staub noch küßt,
Erwartend, daß noch Hoffnung ist.

Den Schläger mild die Wange beut,
Vom Uibermaß der Schmach geweiht.

Denn wahrlich! stets nicht, immerfort,
Wird dich verwerfen Gott, dein Hort!

Und hat er erst dich schwer betrübt,
Erbarmen seine Huld bald übt.

Ist es denn Lust ihm, schikt er Qual?
Und Menschen kränken seine Wahl?

Will Wesen er mit Erdennöthen
Denn unter seinen Füßen treten?

Will er das Menschenrecht erschlafft,
Und sei's auch durch die höchste Kraft?

Dem Mann im Kampfe unrecht grollen,
Das kann der Ew'ge nimmer wollen!

Kann Jemand sagen: „so soll's sein!“
Kommt's nicht vom höchsten Herrn allein?

Wenn's nicht aus Gottes Mund erklingt,
Ob's Gutes oder Böses bringt?

Wie käm's, daß sich ein Mensch beschwere,
Der Meister seiner Sünden wäre?

Wenn unsern Wandel wir ergründen,
Läßt sich der Pfad zu Gott bald finden.

Wie auf der Hand das Herz erheben,
So soll's zu Gott im Himmel schweben.

Wir waren schuldig, sündenvoll,
Wie da Vergebung kommen soll?

Verfolgtest uns in Zorn gehüllt,
Und würgtest — nicht der Schonung Bild!

So schwer verhüllt in Wolken dicht,
Daß selbst Gebet sie nicht durchbricht.

Und ließest uns zum Ekel sein,
Zum Abscheu in der Völker Reih'n.

Daß uns're Feinde insgesammt,
Mit vollem Munde uns verdammt.

So kam die Angst, der Schrecken bang,
Verwüstung ach, und Untergang.

Mein Auge weint — ein Thränensee,
Ach über meines Volkes Weh!

Und weint! — hört nicht zu strömen auf,
Nicht bannt den Schmerz der Zähren Lauf.

Bis einst von seinen Himmelshöhen
In Gnade Gott wird niedersehen.

Mein Auge weint der Seele Drang,
Beim Anblick uns'rer Töchter bang.

Dem Vöglein gleich ohn' Unterlaß,
Jagt mich des Feind's grundloser Haß.

In eine Grube sie mich engen,
Um mich mit Steinwurf zu bedrängen.

Schon dekte mich das Flutgebraus,
„Verloren!“ rief ich zagend aus;

Da aus der Tiefe, himmelan,
Rief Herr! ich deinen Namen an.

Du horchst dem Ruf' aus deinen Höhen,
O neig' dein Ohr des Hilfruf's Flehen!

Der stets mir nah' in schweren Tagen,
Und tröstend sprach: du sollst nicht zagen!

Der meinen Seelenkampf geschlichtet,
Den Lebensmut mir aufgerichtet;

Du siehst auch jetzt, o Herr! wie schlecht
Sie mir begegnen — schaff' mir Recht!

Siehst ihre Rachegier — so wild,
Und all' ihr Sinnen wuterfüllt.

Du hörst ihr Schmähen, ihren Spott,
Die Pläne wider mich, o Gott!

Der Gegner Sinnen, wie ihr Wort
Nur wider mich ist's immerfort.

Bemerk' ihr Sitzen, wie ihr Stehen,
Stets wird ihr Spottlied mich umwehen.

Gib ihnen, Herr! den gleichen Lohn,
Ihr Thun verdient's wohl lange schon!

Zerrütte sie im Geiste schwer,
So treffe sie dein Fluch, o Herr!

Jag' sie im Zorne durch die Welt,
Vertilg' sie unter'm Himmelszelt!

IV.

Wie ist das Gold, das strahlende, verdunkelt!
Wie glanzlos jezt, das erst so hell gefunkelt!
Und all' die edlen Steine, hochgeweiht,
In allen Straßenecken bunt zerstreut.

Du Jugend Zions! gar so kostbar, hold!
Noch schwerer wiegend als gedieg'nes Gold,
Gleich ird'nen Scherben wirst du jezt erkannt,
Gemeinem Werk gleich von des Töpfers Hand.

Selbst Ungeheuer reichen dar mit Lust
Den Jungen zärtlich ihre Mutterbrust;
Viel grausamer ist meines Volkes Kind,
Strausvögeln gleich, die nur in Wüsten sind.

Es schmachtet seinem Säugling, nahrungsleer,
Vor Durst die Zunge an dem Gaumen schwer;
Nach Brod die süßen Kindlein wimmern still,
Und Niemand, Niemand, der es reichen will!

Die sonst nur üpp'ge Leckerbissen aßen,
Die Armen, seht! verschmachten in den Straßen!
Die Edlen stolz, im Purpur groß gezogen,
Sie schmiegen sich auf eklen Schmuzeswogen!

Ach größer ist noch meines Volkes Leid
Und Schuld, als Sodoms Sünde, fluchgeweiht,
Das rasch ein einz'ger Augenblik zerstört,
Nicht von der Menschen roher Wut verheert.

Einst — seine Fürsten mehr denn Schnee so klar,
Und weißer, glänzender als Milch fürwahr!
Korallenglut ihr Angesicht umwallt,
Wie von Saphir geschnitten die Gestalt!

Und nun? — so schwarz ist Rabenschwärze kaum!
Unkenntlich selbst im hellen Straßenraum!
Nicht kann das Holz so ausgetroknet sein,
Wie ihre Haut verschrumpft um ihr Gebein!

O! glüklicher die würgte Schwerteskraft,
Als die der bleiche Hunger hingerafft!
Und besser dem durchbohrt, sein Blut entflossen,
Als Jenen, die gleich Feldfrucht man genossen!

Entsezlich! edle Mütter, liebereich,
Sie kochen ihre eignen Kinder weich!
Verzehren sie, ein heißersehntes Mahl,
Bei meines Volkes Untergang und Qual.

So furchtbar ist des Ew'gen Grimm erflossen,
So schwer hat er des Zornes Glut ergossen,
Daß sie in Zion loht ein Flammenmeer,
Das alle Pfeiler stürzet rings umher.

Nicht glauben würd' es von den Fürsten Einer,
Von allen Erdensöhnen keiner! keiner!
Daß je dem Feind, dem Dränger kann gelingen,
Jerusalem! in deine Thore dringen!

Die Schuld ist's deiner gleißenden Propheten!
Der Priester Sünden brachten dich in Nöten!
Die Schuld, die in der gottgeweihten Stadt
Unschuld'ges Blut so frech vergossen hat.

Wie rast da in den Straßen blinde Wut!
Die weite Stadt — besudelt ach! mit Blut.
Und Alles zagt, und rennet bang' und irre,
Entsezt, daß man die Kleider nicht berühre.

„Fort! sie sind unrein!“ Jeder zagend spricht;
„Zurück! entweichet! o berührt sie nicht!“
Sie weichen — stürzen. Fremde Völker meinen:
Von solcher Horde dulde man auch keinen!

So hat der Zorn des Ew'gen sie zerstreut,
Daß nie ein Gnadenblik sie mehr erfreut.
Weil sie den Priestern Ehrfurcht nicht erweisen,
Und Schonung nicht gewähren ihren Greisen.

Und immer noch vom eitlen Wahn geblendet
Ist unser Blick nach fremder Hilf' gewendet;
Und seh'n ein Volk als unsern Anker an,
Das uns nicht helfen und nicht retten kann.

Ach, nachgestellt wird jedem uns're Schritte!
Nicht sicher mehr in uns'rer Straßen Mitte!
Das Ende naht, versiegt der Tage Quell,
Und unser Untergang ach, schreitet schnell!

O! rascher faßte uns der Dränger Schaar,
Als selbst des Himmels kraftbeschwingter Aar;
Bis auf die Berge dringen sie im Lauf,
Und selbst in Wüsten lauern sie uns auf!

Der Gottgesalbte, unsers Lebens Hauch,
Verschmachtet selbst in ihren Gruben auch;
In seinem Schatten wähnt' einst unser Streben,
Daß wir uns unter Völkern hoch erheben.

Du Tochter Edoms! juble nur in Lust!
Bewohner Uz, frohloket siegbewußt!
Auch dir wird einst der bittre Kelch gereicht!
Doch bald berauscht, der Boden dir entweicht!

Dann Tochter Zion! dann ist abgetragen
Auch deine Schuld! er wird dich nicht mehr jagen!
Doch Edom! dann wird deiner Schuld gedacht,
Und alle deine Sünden klar gemacht!

V.

Ruf' Herr! die schöne Vorzeit wach!
Sieh' auf der Gegenwarten Schmach!

Barbaren unser Erbreich nahmen,
An Fremde uns're Häuser kamen.

Verwaist sind wir, und vaterlos,
Und Wittwen uns're Mütter blos.

Das Holz im eig'nen Wald gefällt,
Selbst Wasser ach! kauft man für Geld.

Bis an den Hals verfolget fast,
Zu Tod gehezt — und keine Rast!

Nach Mizraim drängt uns die Noth,
Nach Aschur hin um dürft'ges Brod!

Der Väter Schuld — sie starb mit ihnen!
Nun sollen wir's die Kinder, sühnen!

Gemeine Knechte uns bezwingen,
Will Niemand denn Erlösung bringen?

Gefahr nur uns das Brod gewährt,
Im Kampfe mit dem Wüstenschwert.

Wer da die Glut des Hungers kennt!
Wie Ofenglut die Haut uns brennt!

In Zion trifft die Frauen Zwang,
In Juda's Reich Jungfrauen bang!

Frech werden Fürsten aufgehängt,
Die Aelt'sten selbst so schwer bedrängt.

Den Jüngling beugt des Mühlsteins Last,
Das Holz erdrükt die Knaben fast.

Die Richtèr sind vom Thor verscheucht,
Die Jugend vom Gesang entfleucht.

Die Freud' entschwand rasch uns'rer Brust,
Der Trauer wich des Tanzes Lust.

Die Kron' entfiel dem Haupt in Hast,
Weh' uns! ob uns'rer Sünden Last!

Darob jetzt unser Herz schier bricht,
Erlischt fast unser Augenlicht.

Öd' ist's auf Zions Bergeshöhen,
Daß dort Schakale sich ergehen.

Nur du, o Gott! bestehst für immer!
Und nur dein Thron der wanket nimmer!

Sind dem Vergessen wir geweiht?
Verstoßen denn für ew'ge Zeit?

Nimm auf uns, Herr! — wir kehren wieder!
Senk' neu die alte Zeit hernieder!

Kannst du denn stets verwerfen, hassen?
Den Zorn so schwer uns fühlen lassen?

Zionslieder.

I.

Zion! hörst du den Gruß nicht deiner Lieben,
Der schwergefesselten, die dir geblieben?
Den Gruß von Ost und West, von Nord und Süd,
Der nah' und fern lautrauschend dich umglüht?
Und Seelengruß ist ja des Sklaven Hoffen!
Entstürzt die Thränenflut ihm frei und offen
Wie Thau auf Hermon fällt, dann mag's ihm scheinen,
Als dürft' er heiß auf deinen Bergen weinen.
Der Eule gleich' ich, faßt mich an dein Leid!
Dann wiegt ein heller Traum mich ein: gar weit;
Da kehren die Gefang'nen heim; entbrannt
Jauchzt meine Seele, wie in Sängerhand
Der Harfe Liedersturm! Ach, festgebannt
An Bet-El ist mein Herz. Da strömt ihr Zähren!
Wie einst vor Gott das Lob von Engelchören,
Von Heil'gen die den Opfertod erlitten.
Hier thronte Gott in Majestät, inmitten
Der hochgeweihten Stadt. Zum Himmelsthor'
Aufgethan, ragten deine Thor' empor!
Der Gottheit Stral nur war dein Lebensglanz,
So Sonn' und Mond, wie der Gestirne Kranz
Verdunkelnd. — Wie's in mir flammt, auszuschütten
Das trunk'ne Herz in deinen heil'gen Hütten,
Wo Gottes Geist die Jünger hat geweiht!

Fürwahr! ein Himmelsort! voll Herrlichkeit
Dein Thron und himmlischer Glorie! nun wagen
Verweg'ne Knecht' auf seinen Sitz zu ragen?
Könnt' ich doch ruh'los wallen zu den Stätten,
Wo Gott sich seinen Sehern und Profeten
Hat offenbart! Wo nehm' ich Riesenschwingen?
Zu deinen theuern Trümmern wollt' ich dringen,
Mit meines wunden Herzens Vollgewicht!
Hinstürzen würd' ich auf mein Angesicht,
Auf deinen heil'gen Boden ewig rein,
Und fest umschlingen einen jeden Stein,
Und küssen, endlos küssen deinen Staub!
Dann weiter! — immer weiter! wo des Todes Raub,
Geliebte Ahnen ruh'n in Gräbern kalt.
Ah Hebron! schauervolle Allgewalt
Die mich erfaßt! wo deiner Gräber Zier,
Die theuersten des weiten Erdballs schier!
Abarim! Hor-Hahor! wo deine Lichter,
Die beiden strahlendsten — die Lehrer, Richter,
In's Grab gesunken. — Des Lebens Luft
Ist deines Landes Luft! Nicht Myrrhenduft,
Gewürze nicht, wiegt deinen Staub mir auf;
Und jeder Tropfen deiner Ströme Lauf
Wär' reiner Balsam mir! O Seligkeiten!
Entstellt und nakt auf deinen Trümmern schreiten!
Wo vormals prangten deine Prachtpaläste,
Wo deiner heil'gen Kostbarkeiten größte,
Die Bundeslade stand — so frech zerstört! —
Dort, wo die Cherubim mit Flammenschwert

Das Allerheiligste geschirmt — den Schmuk
Den kostbarsten, im raschen Flug
Ich möchte froh ihn mir vom Haupte reißen
Und schleudern in den Staub! Des Zornes Schleußen
Weit erschließen, den wild'sten Fluch der Zeiten
Hinschmettern, die geschändet die Geweihten! —
Hinweg mit Speis' und Trank! wer wird sie heischen,
Der wilde Hunde Löwen sieht zerfleischen?
Wie kann das Licht beglüken selbst, das klare,
Wenn Raben frech zerreißen deine Aare! —

O Kelch der Pein! du überströmst ja fast!
Halt an! gönn' einen Augenblick mir Rast!
Schon fehlt der Seele Raum für all' das Leid,
Zu eng mein Herz für so viel Bitterkeit! —
Zion! der höchsten Schönheit Kronenschimmer!
Der Liebe Seligkeit erhältst du immer
Im Herzen deiner Freunde. In Ewigkeit
Bleibt ihre Huldigung dir treu geweiht.
Die deinem Glük gejauchzt mit Jubelschall,
Und bitterschwer gejammert deinem Fall,
Die deinem Sturze weinten heiße Thränen,
In ferner Haft — dir gilt noch stets ihr Sehnen!
Wenn sich ihr Knie vor Gott in Demut beugt,
Nach deinen Thoren ist ihr Haupt geneigt.
Zerstoben und zerstreut, auf Bergen, Thalen,
Sie denken dein mit Wonnen und mit Qualen!

Verwebt mit dir mit inn'gem Seelenbangen,
Dich möchten sie umfassen und umfangen!
Und unter deinen schatt'gen Palmen kühl
Stets selig lagern, ist ihr höchstes Ziel!
Schinear! Patros! dürfen die sich messen
Mit deiner Größe? oder kühn vermessen
Des nicht'gen Trugs Gebilde sich vergleichen
Mit deinem Recht — dem Gotteslicht, dem reichen?
Wer wagt's im eitlen Wettkampf sich zu nähern
Gar deinen Gotterkor'nen, deinen Sehern?
Wer deinen heil'gen Sängern und Leviten? —
Es rauscht dahin die Zeit mit Riesenschritten,
Es wechseln, wandeln rasch des Truges Reiche;
Dein himmlisch Reich nur bleibt das ewig gleiche,
Und deiner Seher Wort verrauschet nimmer!
Als Residenz schmükt dich der Gottheit Schimmer.
D'rum Heil! wer da in deinen Höfen ruht!
Und zehnfach Heil! wer von der Hoffnung Glut
Beseelt, vertrauend harret, bis das Ziel
Das heilige, erreicht. — O Hochgefühl!
Mit eig'nen Augen schauen deine Pracht,
Wenn neu erglänzt dein Stern, und neu erwacht,
Und strahlenreicher deine Morgenröthe.
Dann blüht das Glük, das sehnsuchtsvoll erflehte
All den Erwählten, jauchzend, lustbelebt,
Wenn Zion sich im Jugendglanz erhebt! —

II.

Zion! umsonst sind alle Balsamfluten
Gilead's; endlos, wie das Meer weit, bluten
Die Wunden deines Falls. Holdsel'ges Land!
Als Perle aller Länder anerkannt.
Von Edens Flur, der Kostbarkeiten Zier,
Entströmen silbern deine Flüsse dir.
Gewässer Jordans! wer in deinen Quell
Den kranken Leib getaucht, fand Heilung schnell;
Und heilvoll hat's dem Volk sich stets erwiesen.
O! deines Bodens Staub war hochgepriesen,
Mehr als gedieg'nes Gold. Hell, demantrein
Erglänzte deiner Berge Felsgestein.
Wie üppig schwellten deine reichen Früchte,
Kaum halbgereift im gold'nen Sonnenlichte,
Schon bergend aller Hochgenüsse Keim!
Halbreifes Kraut war süß wie Honigseim,
Und trank es schwellend sich an Gluten satt,
Bot Heilung jede Frucht und jedes Blatt.
Das Zukerrohr in deiner Wälder Grund
Gedieh. Mit Nattern schloß't du einen Bund
Und Frieden mit dem wilden Raubgethier.
Geflügel, selbst das Vieh, Erkenntnißzier

Sonst bar, gewann Verstand, dem wunderbaren
Thier gleich, von Jeirs Sohn, dem geistesklaren. —
In dir, du heil'ge Stadt! der wunderreichen,
Stand licht der Thron des Gottes sonder Gleichen,
Den ewig deiner Lieder Jubelweisen
Als einzig ein'gen Gott beseligt preisen.
An deinen Pforten rauscht es hochgeweiht:
„O wonnevolle, seligsüße Zeit,
Wenn Jakobs auserles'ne Stämme alle
Dreimal alljährlich nahen deiner Halle!“
In deinem Raum schlug auf die Wissenschaft
Den Sitz der Forschung, der Gedankenkraft.
Voll Ehrfurcht kamen auf der Wand'rung Gleisen
Des Morgenlandes und Sabaeas Weisen,
Aus deinen Büchern Geistesfrucht zu pflüken.
Gesetzeskund'ge alle Kreise schmüken,
Und weise Richter schirmen jeden Ort.
Ergraute Räthe, stark, der Wahrheit Hort,
Sind deines Volkes unerreichte Lehrer.
Doch über alle hoch des Reiches Mehrer,
Der königliche Herrscher! Ihm zur Seite
Des Krieges Führer, vielerprobt im Streite,
Gewalt'ge Helden, aller Völker Zagen;
Die in der Jugend kraftvoll schönen Tagen,
Als heil'ge Krieger schwuren am Altar,
Profetensöhne, Gottes Lieblingsschar!
In dir ward treu und echt der Sonnenlauf
Bestimmt; klar faßten deine Denker auf
Der Zeitenordnung festbestimmteu Kreis,

Für alle kommenden Geschlechter. Gleis
Des Mondes, sein Erneuen, Wiederkommen
Nach deiner Länge festgestellt; aufgenommen
Nach deiner Breite seines Lichts Erscheinung.
Als lenktest du die unsichtbare Meinung,
Zeigt sich im Glutenmond Orion blos,
Dann — sinkend in des Firmamentes Schoß. —
So war's! — und nun? wo ist dein Tempel? sag'!
Wo deine heil'ge Bundeslade lag?
Wo sind jetzt deine rauchenden Altäre?
In deinen Höfen wo der Andacht Chöre?
Wo weilt dein Hohepriester glanzumweht
Der für das Volk Vergebung hat erfleht?
Wo ist die edle Schaar der Kohathiten,
Der hochgeweihten, die für dich gestritten?
Wo sind die hohen, göttlichen Profeten?
Wo deine Räthe, schirmend dich in Nöten?
Wo ist dein König? deiner Fürsten Kraft?
Verloren! — oder fern in Kerkers Haft! —
Wie warst du herrlich wunderbares Land,
Daß dir den Preis der Erdball zuerkannt.
Nun hat das Laster plözlich dich zerschellt,
Wie von des Schnitters Hand die Sange fällt.
Entsezt stieß dich die bange Erde aus,
Dich faßt mit Wut ein wildes Flutgebraus,
Dich treibt und jagt der Wind mit Sturmesschalle,
Und Flammenglut zerstört die Städte alle.
Ja! Sünden hast du gegen Gott gethürmt.
Der stets dein Fels vor Feinden dich geschirmt.

D'rum stürzten schonungslos dich die Barbaren,
Dein ist die Schuld, was jammernd du erfahren!
Einst liebte Gott dich, warst sein Lieblingsland,
Dein Name: „Löwe Gottes" war genannt.
Jezt faßt ein Leu dich grimmig, wuterfüllt,
Würgt deine Schafe schonungslos und wild. —
D'rum kehr' zu Gott, zu deinem Herrn, zurük,
Anbetend hafte auf ihm stets dein Blik.
Bis er in seiner Herrlichkeiten Pracht
Neu deine Trümmer dir emporgebracht.
Wie glühet meine Seele vor Entzüken,
Dich in verjüngtem Glanze zu erbliken!
So möge dir das Loos des Heiles fallen,
Glückseel'gkeit dir! Heil deinen Freunden allen!

III.

Zion! du Krone aller Herrlichkeit!
Zahlloser Söhne Lust und Seligkeit!
Es rausche dir des Ew'gen reichster Segen,
In voller Strömung hochbeglükt entgegen.
Ihr Geister! die aus lichten Wolkenhöhen
Auf seine Mauern schirmend niedersehen,
Ihr Himmlischen! erflehet Tag und Nacht,
Daß Milde über seine Scharen wacht.
Und die zersprengt in allen Erdenräumen,
Ach, deiner Söhne, deiner Töchter Träumen
Gilt dir allein — dir gilt ihr heißer Gruß.
Und Jene, die gebeugt mit mattem Fuß
Am Grabe stehn — wie ihre Herzen pochen,
Bis der Erlösungstag ist angebrochen,
Der Tag von Hoffnungsblüten überhangen,
Als neuer Lebensruf an sie ergangen.
Und faßt mich Sehnsucht an gleich feur'gen Blitzen,
Dring' ich empor zu höchsten Bergesspitzen,
Stark mit des Adlers Flug. Mit Allgewalt
In Jubeltönen hier mein Ruf erschallt:
Gruß dir, o Zion! Tugendsitz geweiht!
Gruß deiner Thürme alter Herrlichkeit!

Gruß allen deinen wonnigen Gefilden!
Gruß deiner Auenpracht, der lenzesmilden!
Gruß dir, o Wonneland! Gruß deinen Grenzen,
Die Gilead, Samarien umkränzen!

Doch weh! bist du wie einst noch schmukumwallt?
Ach, düst'rer Hauch dekt jezt die Huldgestalt!
Du süßes Königskind einst glanzerfüllt,
Ein grober Sak die Glieder jezt dir hüllt.
Gestöhn ist nun die Musik deinem Mahl,
Dein Haupt dekt Asche statt der Krone Stral.
Mit vollem Zug leer' ich den Kelch der Pein,
So namenloses Leid — dich traf's allein!
So laß vereint uns jammervoll beginnen
Das Klagelied! Laß uns're Thränen rinnen,
Reich wie des Meeres Flut. In vollen Bächen,
So mögen sie aus unser'n Augen brechen.
Ja jamm're, jamm're deinem Wittwenstand,
Seitdem dein Freund gelöst der Liebe Band,
Das Heiligtum gewandelt hat in Staub,
Und deine Schätze preisgab wildem Raub.
Denk' ich der Tage deiner Schönheitsblüte,
Rauscht deiner Sänger Lied mir im Gemüte,
Und seh' ich jezt dich in des Elends Flor,
Bricht aus mir wild ein Klagestrom hervor.
Daß Eulen, Pelikane in dir hausen,
Viel besser wär's als der Barbaren Grausen!

Erhab'ne Königsstadt! von David schon
Gegründet und dem königlichen Sohn,
Du hochgeweihtes Heiligtum des Herrn,
Sein Lieblingssitz, wo er getront so gern,
Den unaufhörlich seine Macht geschirmt!
Hier war die mächt'ge Tafel aufgethürmt,
Und an der hohen Bundeslade Seite,
Erglüht die heil'ge Lampe, die geweihte!
Wo aus der Allmacht mächt'gem Schöpfungsschoß
Der Strom der heil'gen Liebe sich ergoß.
Rings um den Altar steht der Priester Schar,
Und bringt, Vergebung flehend, Opfer dar.
Der Hohepriester glanzvoll im Ornat —
Wenn er geschmükt das Heiligtum betrat.
Gar hell erklingen in des Tempels Raum
Die Silberglöklein an des Mantels Saum.
Das Allerheiligste wird aufgethan,
Und bis ins Innerste tritt er heran
Alljährlich einmal, Rauchwerk in den Händen,
Den Rauch auf goldenem Altar zu spenden.
Aufstieg balsamischer Gewürze Duft
Von Kassia und Cymmtrohr in die Luft,
Daß bis zur Palmenstadt Jericho hin
Duftwolken üppigster Gewürze ziehn.
Dort an den Thoren der Leviten Heere,
Hier Hymnen jauchzend edle Sängerchöre,
Und ringsherum das Volk lautjubelnd, singend,
In reiner Lust sich brüderlich umschlingend.
So nahet deinem Tempel Jahr für Jahr

Am festlich hohen Tag des Volkes Schar.
Hier lebten deine heiligen Profeten,
Die gottbeseelt des Ew'gen Sinn erspähten,
Hier blühte lichtvoll echter Weisheit Walten,
Und segenreich der Rath der siebzig Alten.
O Land, wie prangtest du in Herrlichkeit,
Als hätte zehnfach Segen dich geweiht!
Wie waren deine Fluren reich beglükt,
Die Zehnten selbst so schwellend, glanzgeschmükt!

Und jezt? — nur eine Wüste, menschenleer?
Hast keinen König, keine Priester mehr,
Hast nicht Profeten, ach! und nicht Leviten,
Als wären nie sie durch die Stadt geschritten.
Wann wird die Zeit, die himmlische erscheinen,
Da alle die zerstreut, du wirst vereinen?
Die in der Fremde tief in Schmerz und Thränen,
Nach deinem theuren Obdach heiß sich sehnen!
Wie flammt mein Herz, ach, der Verzweiflung Raub,
Fest zu umschlingen deines Bodens Staub,
Und meine bleichen Lippen mit Entzüken,
Im heißen Kuß auf deine Steine drüken!
O könnte ich mit eig'nen Augen schauen,
Wie sie in voller Pracht dich neu erbauen,
Wie deine Mauern wieder glanzvoll ragen,
Des Heiles Stolz nach allen Seiten tragen.

Schon der Gedanke beut des Trostes Fülle.
Ein Geisterklang durchrauscht die tiefe Stille,
Und klingt dem Ohr wie sel'ger Botschaft Ton:
„Erheb' dich stolz, dir naht der Freund, Zion!
Wirf ab den Staub! o unnennbares Glük,
Der Ew'ge kehrt in deinen Sitz zurük!“

IV.

Zion! siehst du die Brandstätt' glutzerstört?
Ruinen sind es deiner Glanzpaläste!
Siehst du die Trümmer schauerlich verheert?
Ach! deiner Pflanzungen verkohlte Reste!
So mögen deine Klagelieder schallen,
Der Wittwe gleich vom tiefsten Schmerz umwindet,
Die ruh'los auf den Straßen allen, allen,
Fast leidbeseligt, ihre Qual verkündet.
Hoch oben auf den blutig schaur'gen Hügeln,
Wo deine Krieger Feindeswut erschlagen,
Rausch' auf dein Jammerlied auf Sturmesflügeln,
Ergieße sich die Hochflut deiner Klagen!
O unerhörte Schmach! von Moabs Horden
Zions gewalt'ge Heldenschar bezwungen!
Wo Ruhm und Glük zu Schanden dir geworden,
Verkünde deinen Fall mit Flammenzungen.
Im Kreise deiner trauernden Genossen,
Da stimme an dein herzzerreißend Lied!
Wo Zions Größe ist wie Rauch zerflossen,
Dein Blik nur Trümmer und Zerstörung sieht:
Da soll dein Mund von Klagen überströmen,
Dein banges Aug' von heißer Zährenflut,

Und endlos wie dein Leid sei auch dein Grämen,
Und nie erlösche deines Jammers Glut!
Du sahst dein Lager Pest und Schwert bezwingen,
O Schmach! gedrängt von der Verheerung Wogen
Entflohen deine Helden, wie den Schlingen
Des Jägers scheu ein Vögelein entflogen.
Und er? der Ew'ge? Jammer ohn' Ermessen!
Wie konnt' er deinen Ruhm so sehr verstoßen,
Als hätte er des Bundes ganz vergessen,
Des Bund's mit deinen Vätern einst geschlossen?
Wie? willst du weinen mit den düster'n Eulen,
Die Jakobs königlichen Sitz bezwangen?
Ist knechtisch zwischen deinen Trümmern heulen
Dein Heldenstolz, dein einziges Verlangen?
Dann reiß den Prunk ab, der dich gleißend schmükt,
Und tritt ihn in den Staub. Um deine Lenden
Wirf einen här'nen Sak. So schmerzerdrükt
Soll deines Elends Klagelied nie enden.
Doch laß sein Echo zu den Höhen dringen,
Die dich o Land der Herrlichkeit umschließen;
Daß es Barbaren schonungslos umschlingen,
Darüber sollen deine Thränen fließen.
Und euch ihr Könige und Fürsten alle,
Euch Edlen ruf' aus Ost und West ich wach:
O weinet, weint dem unerhörten Falle,
Der Zion traf mit namenloser Schmach!
Hinweg mit deinem eitel nicht'gem Flitter!
Wirf zu den Todten ihn in kalten Särgen;
Die tiefe Qual, dein Seufzen schwer und bitter,

Kann Tand und Prunk doch nimmermehr verbergen!
Ihr Jünglinge und Greise sagt es Allen,
Stimmt an vor aller Welt das Klagelied,
Und selbst der Säuglinge und Kinder Lallen,
Verkünde es mit kindlichem Gemüt:
„Wie welkte deine Rose Zion schnell,
Wie hat dein Sündenmaß dich bald verkümmert,
Daß selbst im Wogenschwall nicht Well' auf Well'
Ein schwaches Rohr so furchtbar rasch zertrümmert!
Die Sonne selbst, das Sternenheer erblaßte,
Und rollten düster in des Himmels Sfären,
Als ob sie Leid in ihrer Bahn erfaßte,
Als wollten nie der Welt sie Licht gewähren!
So bebten sie der Fülle deiner Pein. —
Denn als die Kriegsposaune kaum erklungen
Auf jenen Bergen, in der Krieger Reih'n
Der Schlachtenruf erscholl, ach und bezwungen
Schon liegen deine Helden todt und kalt,
Da prasseln deine Schätze auf in Flammen,
Und deine Thore stürzt des Sieg's Gewalt,
Und Zion bricht in Asch' und Schutt zusammen.
So rettungslos auf wüster Trümmerstätte
War das verlor'ne Juda ganz zertreten!"
D'rum klage armes Zion um die Wette,
Gönn' dir nicht Trost in deinen schweren Nöten!
Hinweg! hinweg! wer da mit Liebesmund
Den Kelch des Trostes dir versucht zu reichen!
Des Meeres Sturm bewegt im tiefsten Grund,
Gebrüll der Drachen soll dein Jammer gleichen.

Der Drachen, die in deinen Trümmern hausen.
Erheb' zu jenen Höhen dann den Blik,
Und starr' sie an mit der Verzweiflung Grausen.
Klag' die an, die zerschmetterten dein Glük.
Dann senk' ihn tief auf deiner Väter Reste,
Auf ihren Gräbern soll dein Ton erschallen:
O gebt zurük mir meine Prachtpaläste,
Und meinen Ruhm und Glanz und mächt'gen Hallen!
Zur Grabeshöhle eile ohne Zagen,
Verkünde da, des Unglüks treuer Wächter,
Die Qualen die schwer deine Kinder plagen,
Des Elends Keim für kommende Geschlechter. —
Erzmutter Sara horcht und weint und klagt,
Die theuren Kinder von der Schmach zu retten,
Die fern und bang', gefangen und verzagt
Der Nachbarn Wut geschmiedet hat in Ketten.
Und Rahel, Lea weinen. Bilea
Und Silpha klagen. Horch! wer kann es fassen?
Ein Ton erklingt: es ist der Herr dir nah,
Der ewig lebt, wird ewig nicht verlassen!
So möge dir der Hoffnung Stral erglühen,
Einst werden deine Kinder wieder blühen!

V.

Zion, du herzbezwingend Lieblingskind,
Des Jüngsten deiner fürstlichen Gebieter!
Du lagst an seinem Herzen treugesinnt.
Bescheid'ner Anmnt züchtig keuscher Hüter.
Du glänzendstes der heil'gen Prunkgemächer,
Dem dein Geliebter stets in Herrlichkeit
Genaht, zu leeren deinen Wonnebecher
Am gold'nen Thronsitz aller Seligkeit.
Zion gebenedeit! des Segens Quelle
Floß unaufhörlich dir aus Himmmelsräumen,
Es quoll aus Wolkenpforten Glanz so helle,
Dir stralend deine Thore zu umsäumen.
Ein reißend wilder Wolf ist eingedrungen,
In deinen Kreis, zerstörte deinen Glanz,
Entriß dir deinen Schmuk, und festumschlungen
Langt seine Krall' nach deines Hauptes Kranz.
Einst doppelreich: durch Gut und Wissenschaft,
Daß deine Jünglinge schon hochgepriesen,
Gewaltiger an Geist, Gedankenkraft,
Als selbst Egyptens Denker sich erwiesen.
Wie warst du schön! daß deines Glanzes Pracht,
Dein ew'ger Ruhm so Alles rings verdunkelt,

Daß Könige besiegt von deiner Macht
Dem Stern gehuldigt, der so licht gefunkelt.
Der Sünder, der in deinem Weichbild nur
Kaum eine Nacht geweilt, war sündenleer;
Der Priester Opfer tilgte jede Spur,
Alltäglich sühnend jedes Laster schwer.
Im Blütenmond, im gold'nen Lenzesschimmer,
Stiegst du empor in jugendfrischer Kraft,
Der Glutenmond ach, legte dich in Trümmer,
Hat dich der Zorn des Ew'gen hingerafft.
So strömet, strömet hin, ihr bitter'n Zähren!
Denk' ich der Zeit, da Gottes Angesicht
Die Stadt umstralt, ein heiliges Verklären,
Und in des Tempels Höfen ruh'te nicht
Das Lustgewühl andächt'ger Pilgerscharen,
Als wollte Gott im Flammenbusch dir mild,
In deinen Hallen sich nur offenbaren,
Und Himmelssegen war dein schirmend Schild!
Gewerb' und Handel blühten wunderbar,
Handlangern selbst war überreiche Habe,
Geschäftigkeit beglükt der Zünfte Schar,
Gewährend hohen Glükes stolze Gabe.
Denn deine Stätte war stets auserwählt,
Dein Volk allein war einzig auserkiesen,
Beglükt selbst Jene die zu dir gezählt,
Und deinen Priestern hat er Huld erwiesen.
In deiner Mitte Pracht und Lust im Bund,
Anbetend kam die Hürde der Getreuen,
Und unaufhörlich gab sich Jubel kund,

Der Seele Dank dem ew'gen Herrn zu weihen.
Nur auf bescheid'ner, jebussit'scher Seite,
War dir das Allerheiligste gegründet,
Ob daß die Gotteshalle, die geweihte,
Enotams mächt'gen Hügel nicht umwindet.
Wie stolz hat dich des Himmels Huld benannt,
Zwei königliche Namen hoch dich preisen:
Im Waldgefild errang dich Davids Hand,
Dein Gottessitz erbaut vom Sohn, dem weisen.
Mit seines Vaters Namen er dich weiht,
Wie in unsterblich himmlischen Gesängen,
Die Zeit es treu bewahrt der Ewigkeit. —
Eh' Wellen noch um deinen Staub sich drängen,
Eh' noch das weite Erdenrund gestaltet,
Eh' noch die Himmelsdeke war gespannt,
Warst du im Gottgedanken schon entfaltet.
Und als sein Grimm ob Menschenthun entbrannt,
Verheerend wilde Fluten niederrollen,
Hinraffend alle ird'sche Kreatur,
Auf dich nicht ihre Güsse niederquollen
Und unberührt blieb deines Landes Spur.
Zur rechten Zeit blos kam der milde Regen,
Und rieselt sanft in wonnig stiller Nacht,
Und reicher Thau belebt des Feldes Segen,
Und zieht an's Licht der jungen Halme Pracht.
Was Wunder, daß zum Mittelpunkt des Schönen
Vor Allen du geworden? der Vereine
Der Wissenschaft gepflegt von deinen Söhnen?
Was Wunder, daß von dir alleine,

Des Mond's geheimes Kreisen ward bestimmt,
Der Jahresordnung ewig hellen Zeugen!
Im Meer der Lust, in deinen Straßen schwimmt
Die selig munt're Jugend laut im Reigen,
Sie jubelt, singt. Jedwedes Fest beglükt,
Verherrlichet durch Munterkeit und Spiel,
In goldenen Gewändern reich geschmükt,
Thauperlen gleich, voll Anmut im Gewühl.

Und nun? wie kann ein Fest mir Blüten tragen,
Ein Freudentag mir helle Lust gewähren?
Wenn die Erlösungsstunde hat geschlagen,
Wird Wonne in die Seele wiederkehren!
O edles Land! erblüht in höchster Schöne,
Nie hast du Feindesgier auf dich gezogen,
Selbst da als deine kraftgestählten Söhne
In deines Tempels heil'ge Hallen zogen.
Dahin sind ach, die Wolken würz'ger Düfte,
Der edle Rauch, dem Heiligtum entrungen;
Jezt wirbelt diker Qualm nur in die Lüfte,
Und zischend brausen auf die Feuerzungen!
In deiner Burg da toben die Barbaren,
Zertreten deines edlen Gartens Zierde,
Da hausen sie gleich grimmen Raubwildsscharen,
Entehrend deines Tempels Pracht und Würde.
Geklirr des Eisens war dir ferngeblieben,
Als aufgerichtet einst dein Heiligtum,

Jezt rast das Schwert mit blutig scharfen Hieben,
O Greu'l! im Allerheiligsten herum!
D'rum schleicht im Trauersak Judäas Sohn,
Und müßt' vergehn, würd' ihn der Glutgedanke
Nicht neubeleben, daß der Rache Lohn
Gar bald den Feind mit gleicher Wut umranke!
Ach, herzzerreißend ist der Armen Klage:
„O ew'ger Gott, ist es dein heil'ger Wille,
Daß unser Herz in Mißgeschik verzage?
Ein Meer von Leid ist uns'rer Schmerzen Fülle!
Von Sehnsucht ist die Seele angefressen,
Daß sie in dumpfe Schlafsucht fast versinkt;
Wie soll sie hoffen ach, und wie vergessen,
Wenn immer noch kein Stern der Hoffnung blinkt?"
In schaurig grauenvoller Mitternacht,
Jagt es mich rasch von meinem Lager auf,
Nach Osten starrt mein Blik und lauscht und wacht,
Der Morgenröthe erstem Glutenlauf.
Der Morgenröthe, die da Glanz und Stral
Erwartungsvollen Herzen bringen soll!
Dann wandelt sich in Wonne deine Qual,
In Jubel deines Klageliedes Groll.
Und wieder raget deine Burg hinan,
Umstralet von Libanons Herrlichkeit,
Beglükt und froh wie deine Heerden dann,
Auf deinen fetten Triften einst zerstreut.
Gewiß! bald wirst verjüngt du dich erheben,
Gedenken kaum des Leid's, des Jammers kaum,
Wie in des Waldes üppigfrischem Leben,

Der Blätter viel verstreut der kräft'ge Baum.
Wenn Zion wieder Zions Pracht bewährt,
Ein Warnungszeichen rings den Völkern allen,
Wenn Feindesmacht von deiner Macht zerstört,
Und frohe Rufe froher Boten schallen:
„Hinweg, o Zion, mit der Bettlerhülle,
Und lege an dein prächt'ges Purpurkleid,
Der jungen Braut gleich in des Glanzes Fülle!"
O sag' dann nicht: mich alterte die Zeit,
Kein rechter Mann kann mehr nach mir verlangen!
Verjüngt wirst du dem Aar gleich dich erheben,
Wie in der Jugend erstem holden Prangen,
Gewalt'ge Söhne kräftig stark beleben,
Und deine Brust von üpp'ger Nahrung schwellen!
O möge nur dein Schöpfer dich bewahren,
Mit reinem Lichte deinen Pfad erhellen,
Und stets in Huld nur dir sich offenbaren,
Wie deine großen Lehrer es erfleht.
Dann brichst du schnell gemeine Sklaverei,
Wenn Zion neu in Glanz und Pracht ersteht,
Und was dir blieb ist hochbeglükt und frei.

IV.

Zion! fragst du, verheert von Flammenpfeilen,
Nicht nach der gramerfüllten Freunde Gruß?
Ach, deren Wunsch schon Labsal und Genuß,
Im Lichtkreis deiner Höfe zu verweilen!
Die ewigbang nach deinem Staub sich sehnen,
Und doch mit Bangen nur, und nur mit Grauen
Nach deiner Brandstätt' wüste Trümmer schauen,
Und pfadlos wallen in der Nacht der Thränen.
Wie glüht ihr Herz dem frohen Tag entgegen,
Wann wieder ungetrübten Lichtes Prangen
So dich, wie sie wird stralenreich umfangen!
Kann dich der Gruß des Armen nicht bewegen,
Der nimmermüde schmerzlich weint und klagt?
Der Gruß des Herzens das von Leid gebrochen,
Und doch für dich nur schlägt mit lautem Pochen,
Und ewig über deine Schmach nur zagt.
Der wie des Straußes und des Uhu Heulen,
Anstimmt verzweiflungsvoll sein Trauerlied:
Wie konnte dich von Himmelsglut durchglüht,
Ein ird'sches Feuer schonungslos ereilen?
Wie kam's, daß nicht die Hand verkohlt, verdorrt,
Die dich zerstört mit ihren Feuerbrändern?

Wie lang soll Uibermut in Glanzgewändern
Mit Dornen deken meinen Blütenort?
Wie lang soll Hochmut sitzen zu Gericht,
Mit frechem Wort Gerechte zu verdammen,
Mit Sprüchen, die der Willkür nur entstammen?
Wie lang trozt straflos noch der Bösewicht,
Um Gottes heiliges Gesez und Recht,
Mit frevler Hand der Glut zu übergeben?
Gab Gott dich unter Blitzes-Donnerbeben,
Als Heiligtum dem menschlichen Geschlecht,
Daß du den Flammentod hier sollst erleiden?
Hat Sinai! deßhalb dich der Herr erhöht,
Und all' die großen Berge rings verschmäht,
Und deßhalb sollte Glanz und Ruhm dich kleiden,
Daß du zur Warnung werdest aller Welt?
Wie bald ach! der Verachtung Widerhall
Von stolzer Höhe kündet deinen Fall,
Entwürdiget, vernichtet und zerschellt.
Geht's dir wie jenem Könige der Erde,
Der tief beim Freudenmal in Schmerz verloren,
Als ihm ein theurer Lieblingssohn geboren,
Sah er doch klar, daß er einst sterben werde!
Soll's deinem Ruhme also auch ergehen?
Dann Sinai wirf von dir dein Prunkgewand,
Nach einem Sake lange deine Hand,
Wie schön wird dir ein Wittwenkleid jezt stehen!
Ja, wechsle immerhin nur deine Hülle!
Und Thränen will ich endlos dann vergießen,
Daß sie als Bäche in einander fließen,

Bis sie durchdringen jener Gräber Stille,
Wo deine allergrößten Helden beide,
Wo Mose, Ahron ruh'n. Laut will ich fragen:
Ihr Gottesmänner sprecht! ihr müßt mir's sagen,
Wollt neu der Thora himmlisches Geschmeide
Ihr bieten, daß die alte man verbrannt?
Hat neidvoll uns der vierte Mond zerstört,
Was uns der dritte glanzvoll hat gewährt?
Erst stürzt er deine Tafeln wutentbrannt,
Und gibt zum zweiten Mal, sein Werk zu krönen,
Die heil'gen Rollen nun den Flammen preis!
Wie soll mir munden da noch Trank und Speis',
Wenn selber ich gesehen unter Thränen,
Wie deinen theuren Schaz auf off'ner Straße,
Sie hingeschleppt mit ruchlos wilder Wut,
Das Heiligste geschleudert in die Glut?
Die Elenden, so grauenhaft im Hasse!
Wenn Söldner heil'ge Hallen frech betreten,
O dann ist jede eb'ne Bahn zertrümmert,
Und jeder Pfad von deinem Licht umschimmert,
Für immerdar verwüstet und zertreten.
Hinweg mit allem Honigseim, dem süßen,
Den Trank will ich mir würzen bloß mit Zähren,
Nur Eisenbande sollen mich beschweren,
Denn Ketten ziemen jezo meinen Füßen.
Berauschen möcht' ich mich in Thränenfluten,
Doch sie erstdarren rasch auf meiner Wage!
Gedenk' ich der geschied'nen Helden bange,
Dann flammen auf mir des Erbarmens Gluten,

Und klag' um dich, weil dich dein Freund verlassen.
Er nahm mit sich ach, deine Schäze alle,
Und zog gar ferne fort bei deinem Falle,
Und deine Besten sahst du da erblassen.
Ich blieb allein zurück mit meinem Wehe,
Verlassen und verwaist im weiten Raum,
Wie einsam auf des Berges Schwung ein Baum,
Wie eine Fahne hoch auf Thurmeshöhe.
Nicht kann mich mehr der Sänger Lied entzüken,
Der Sängerinnen lokender Gesang,
Seit deiner Harfe Saite wild zersprang,
Gebrochen deine Flöten sind in Stüken.
Der Trauersak ist jezt mein einz'ger Glanz!
Wie steht mir schön die Hülle sonder Gleichen,
Seitdem wie Staub sich thürmen deine Leichen!
Und webt der Tag den lichten Stralenkranz,
Frag' ich erstaunt: wie mag die Sonne scheinen,
Und alle Welt besel'gen ihr Gefunkel,
Wenn mir und dir so bange ist und dunkel?
D'rum jamm're auf zu Gott, dem einzig einen,
Dein Leid und Weh mußt du ihm bitter klagen,
Vielleicht gedenkt er deiner Jugendliebe;
Dann hülle dich in's Bußgewand so trübe,
Wein' um den Brand in unheilvollen Tagen!
Ach! Frevlerhände haben ihn entzündet,
Und rasch hat er zerstükt dich und zerstreut,
Verschlang die Schäze dir und Herrlichkeit.
Erst wenn der Schöpfer reuevoll dich findet,
Wird huldvoll er mit Trost dich neu beleben;

Dann wird die schwere Jammerzeit entflieh'n,
Und Jahre hohen Glükes dir erblüh'n.
Aus Schmach und Niedrigkeit wird er dich heben,
Und treu Jeschuruns Stämme heimgeleiten!
Nun schmükt dich schön das edle Purpurkleid,
Mit Pauken und Schalmaien im Geleit,
Gar hell erklingen deiner Harfe Saiten.
Ich aber fühl' die Seele glühen, wallen,
Wenn Gott dir naht in voller Gnadenpracht,
Das Dunkel scheucht, und dir erhellt die Nacht,
Die Wolken schwinden und die Nebel fallen!

VII.

Zion! erhab'ne, anmutvolle Stätte!
Du höchste Wonne deiner Hochverehrer!
O klage an, den ruchlosen Zerstörer;
Und fleh' zum Ew'gen heiß, daß er dich rette!
Auf rausche dein Gebet zu Wolkenhöh'n,
Und Heil und Segen werden niederwallen,
Dir selbst und deinen Auserwählten allen,
Und mild des Himmels Wonne dich umweh'n.
Der Jugendfreund, der einst mit feur'ger Liebe,
So dich wie deine Sprößlinge umfangen,
Den noch dein Herz umfaßt mit Glutverlangen,
Blikt jezt so fremd dich an und kalt und trübe.
Doch hoffe nur! du wirst den Schaz bewahren;
Sprich treu zu ihm, ein Wort aus voller Seele,
Den weichsten Klang als Dollmetsch dir erwähle,
Der Anmut Ton, den süßen, wunderbaren.
Bald eilt in deine Arme er zurüke,
Im Schatten deiner Liebe hold zu kosen,
Sich zu berauschen an dem Duft der Rosen,
In deiner Gärten mährchenhaftem Glüke.
Mit heil'gem Band war er dir fest verbunden,
Dein Schirm und Schild, als Gatte dir erkoren,

Und edle Söhne hast du ihm geboren,
Die ach, der Sturm der Zeiten dir entwunden.
Auf einmal hat er dich verschmäht, verlassen,
Und sich gewaltsam von dir losgerissen,
Warf nicht den Abschiedsbrief zu deinen Füßen,
Ihn dränget fort ein gränzenloses Hassen.
Willst du erröthend dir den Grund gestehen?
Treuloser Abfall brachte dich zum Falle!
D'rum höhnt dich alle Welt mit lautem Schalle,
D'rum sank dein Volk von seinen lichten Höhen.
Nun sizest einsam du und schmerzgebunden,
Läßt deine Schmach doch nimmer sich verbergen!
Dein Glanz und Ruhm sind Leichen ,nur in Särgen,
Und die Getreuen alle rasch verschwunden.
Verschwunden und verstoßen und zerstoben,
Die an dir stets mit fester Treue hingen.
Wie soll mein Herz im Leibe nicht zerspringen,
Wenn unaufhörlich wilde Stürme toben,
Die deiner edlen Früchte Süßigkeiten,
In Wermut wandelten und ekle Galle!
Ach Thränen fließen gleich dem Wasserfalle,
Die glühend meine Wangen niedergleiten,
Und fast erliegt mein Herz den Jammerhieben,
Denk' ich der längst erlosch'nen Opfergluten,
Des Purpurweins getrübt durch Wasserfluten,
Des edlen Vieh's, zerstreuet und vertrieben,
Dem heiligen Altar geweihte Beute.
Wie dann das Feuer schrankenlos gezündet,
Gepflügter Felder üpp'ge Saat umwindet,

Und rasch verheert; die fruchtbelad'ne Weite
Im Flammenrachen gierig heiß verschlungen!
Dann neue Schrecken! furchtbares Entsezen!
Seht die Tyrannen wie sie lauern, hezen,
Das blanke Schwert zum blut'gen Streich geschwungen!
Da rast mein Jammerton mit wildem Kreischen:
Kommt Alle ihr herbei und weint und zaget,
O weinet bitterlich und klaget, klaget,
Saht ihr nicht eure Edelsten zerfleischen?
Dein Elend, wer vermag es zu verkünden?
Wie g'ring ist meine Pein noch gegen deine,
Wenn sie da lauschen, lauern im Vereine
Gewaltsam deinen Schmuk dir zu entwinden.
Ein eis'ger Hauch erstarrt des Lebens Quelle,
Um jene Kinder vielgeliebt und theuer,
Zermalmt wie Kalkstaub in dem wilden Feuer,
Bei Feindesjauchzen und bei Flammenhelle.
Hier Kinderleichen und dort heil'ge Rollen,
Wie sie gemeinsam in den Gluten prasseln!
Hier Hammerschläge, dort der Waffen Rasseln,
Rings heller Schein im Brand, im unheilvollen.
Wie zagt die Brust im schmerzlichsten Entsezen!
Ist die entweihte, blutgedüngte Erde
Der heilige Altar nun deiner Heerde?
Soll Blut, geweihten Opferwein ersezen?
Wie lang noch Zion! währt dein dumpfes Brüten?
Wenn deiner Fürsten Loos dich nicht erschüttert,
Die Feindesmacht gebrochen und zersplittert,
So denk' doch der geknikten Kinderblüten,

Der holden Kleinen ach, der goldig reinen,
Die erst zerfleischt von tausend blut'gen Wunden
Im Flammengrab das Schmerzensziel gefunden.
Darüber Zion! sollst du weinen, weinen!
Du bist ja kinderlos, wann du einst kreisen,
Die Stunde der Geburt, kannst du sie wissen,
Obwol dein Leib von Wehen längst zerrissen?
D'rum fleh' zu Gott, nur er kann Huld erweisen,
Dich von der Last unzäl'ger Jahr' befreien,
Wenn sonst neun Monden leztes Ziel den Frauen.
Ja klag' es ihm, der mild im Waldesgrauen
Erbarmungsreich vernimmt der Hindin Schreien,
Dem ew'gen Wächter klag's, der Felsenmauern
Durchdringt, der Gemse Mutterschmerz zu mildern,
Wenn ihr die Stunde schlug. Ihm mußt du schildern
Dein namenloses Leid, dein endlos Trauern,
Und Grenzen sezt er bald auch deinem Wehe.
Der Schlüssel der Natur, des Lebens Quelle,
Ihn wahrt der Gottheit Hand, und rasch und helle
Erklingt sein Werderuf aus lichter Höhe.
Der Ruf ertönt: es nahen deine Lieben!
Es springen auf die fest verschloss'nen Pforten,
Versammelt in den heilig-theuren Orten
Zieht ein die Schar, die lang' dir ferngeblieben.
Dann Zion! wirfst du ab die Schmerzenshülle,
Des Glükes Gunst wird deine Theuren einen,
Mit Glanz dich selbst umwindend und die Deinen,
Wie Sonnenpracht verstreut der Stralen Fülle.
Dann nahen deine Dränger angstvoll klagend,

In Demut dir mit köstlichen Geschenken,
Zu deinen Füßen sie die Häupter senken,
Vor deinem Zornesangesicht verzagend.
Du aber, Zion, prangst im Glanzgeschmeide,
Gestält an Kraft wie in der Jugend Zeiten,
Und dich umschlingen Pracht und Herrlichkeiten.
So stralst du hehr im edlen Purpurkleide!

VIII.

Zion! nun du umstrikt von Schmach und Nöten,
Willst rechten du mit deinen Trugprofeten?
Die Lügenworte statt der Wahrheit wählten,
Und deine inn're Fäulniß dir verhehlten.
O dieser Ruchlosen verworf'ne Schar,
Sie brachte Qual und Elend dir fürwahr!
Als du dich stolz der Siz des Rechts gewähnt,
Hat dich der Nachbar tükisch schon verhöhnt,
Verachtung hat des Lehrers Wort erfahren,
Des edlen Führers auf der Bahn der wahren.
Noch thront der Heiligste in deiner Mitte,
Und ekler Schmuz folgt jedem deiner Tritte.
Und deine Blöße weh! verhüllst du kaum,
Wie Unflat haftet an des Kleides Saum.
Der Unzucht hast du üpp'ge Saat gegeben,
Gleich den verbuhlten Schwesterstädten eben.
Triebst off'nes Spiel mit sündenhafter Liebe;
Gabst deine Kinder preis gemeinem Triebe.
Wie du dich wälztest in der Straßen Pfüze,
Tobt schon die Pest in deinem Lebenssize,
Und ringsum jubeln deine Dränger alle,
Mit frechen Gassenliedern deinem Falle.

„O stürz' nur immer tiefer," laut sie höhnen!
Und du? ohnmächtig knirschst du mit den Zähnen!
Denkst Arme du mit schwerem Herzenspochen
Der Dränger nun, die deine Macht gebrochen,
So klag' die Pein'ger an, voll Mut und offen,
Denn nur auf Gott, den Schöpfer, darfst du hoffen.
Dir sei bloß Zuversicht dein Herr und König,
Doch nah' in Demut ihm, und unterthänig,
Mit reinen Händen und mit treuer Seele,
Daß wahre Buße dich ihm treu vermähle.
Laß wehmutsvoll dein' Jammerton erklingen,
Und Tag und Nacht dein Klag'lied zu ihm dringen,
Daß wo einst Gottes Thron, jezt Schutt und Trümmer,
Daß wo einst Ruhm und Glanz, und Pracht und Schimmer,
Jetzt jene wilden Horden grimmig hausen.
Und fragst du: warum der Zerstörung Grausen?
Als wärst du jetzt für Krokodilenbrut,
Für.Pelikan und Igel nur noch gut,
Daß trüb' in Schlamm sich wandeln deine Quellen?
Willst du den Grund? weil du dem Wort, dem hellen,
Des edlen Warners, Achtung nicht gewährt;
Bis auf die Hefe sei der Kelch geleert!
Du mußt dein Herz vor Gott im Strom' ergießen,
Laß unaufhörlich deine Thränen fließen!
Durchrenn' in wilder Angst die Gassen, Straßen,
Daß Grau'n die Klageweiber soll erfassen,
Der Frauen Jammerton soll laut erschallen!
Schrei auf: die Königskrone ist entfallen!
Wie lange, Zion, wirst du noch getreten?

Wie lang' ihr edlen Fürsten noch in Nöten?
Wie lang' soll Libanon nach deinen Thoren
Vergebens schau'n, versunken und verloren?
Wie lang' noch ruh'los wandern deine Priester?
Darüber Zion, weine schwer und düster!
O schweige nicht! versamm'le deine Greise,
Du selbst tritt kahl, entstellt in ihre Kreise.
Gedenk' der Brüder an des Unheils Rande!
Gedenk' der Großen, deiner Fürsten Schande!
O Grau'n! denk' ich der Nacht, der unheilvollen,
Wie da die mächt'gen Steine stürzen, rollen,
Der glanzvollen Paläste. So nur stürmet
Des Meeres Flut, wenn sie sich brausend thürmet!
Mit deiner Macht ging auch dein Glanz zu Grabe!
Ach, deiner Urim, Thumim heil'ge Habe
Mit allen deinen Schäzen dir vernichtet,
Und was geheim, frech an den Tag gelichtet!
Selbst deine Berge fühlten tief dein Leid,
Es schwanden Tabors, Karmels Herrlichkeit,
Als wären sie Giboas Fluch erlegen,
Verwittert ohne Thau und ohne Regen,
Als hätte nie ihr mächtiges Gerüst,
Der Wolke ros'ger Schimmer je geküßt.
Vergiß o Zion, was dich schwer gedrükt;
Geläutert und gereinigt und geschmükt,
Leg' wieder an dein allerschönstes Kleid,
Mit duft'gem Oele wunderbar geweiht.
Vorüber sind die wolkenschweren Tage,
Es weicht der hellen Lust die alte Klage.

Du hast gesühnt nun unerhörte Sünden,
Und Buße doppeltscharf wird rein dich finden.
Und wieder pranget Zions Heiligtum,
Der Fürsten Stolz, der Länder höchster Ruhm!
Und deine Quellen langgetrübt und düster,
Sie fließen sanft mit wonnigem Geflüster.
Erlösung winket freudig Zion dir,
Bald lebst du wieder als der Schönheit Zier,
Im Munde deiner Sänger, deiner Lieder,
Und Segen, Lebensfülle strömt dir nieder,
Wie Jakob's Hort bestimmt für Ewigkeit,
Und dich umrauschen Lust und Herrlichkeit!
Zion, dir naht der Priester edle Schar,
Zum Dienst bereit am heiligen Altar;
Von Gottes überreicher Huld beglükt,
Begrüßt du deine Fürsten hochentzükt!

IX.

Wie überstralet königliches Zion,
Der Dränger Reiche noch dein fürstlich Prangen!
Dir gilt der Huldigungen wärmster Ton
All' deiner Söhne, die in Ketten bangen.
Kann ich der Seele Schauer offenbaren?
Ein gräßliches Geheul hat sich erhoben!
Sind's Schaïrs, Moabs wildentmenschte Scharen,
Sind es Waldstiere die im Tempel toben?
Entsezlich! wie sie den Gesalbten fassen!
Sein Haupt zerschellt — hinströmt sein fürstlich Blut!
Die Edelsten zerreißt, zerfleischt ihr Hassen,
Es würgt die Besten ihre Tigerwut.
Von Stadt zu Stadt — wie rauschet das Gedränge!
Die mächt'gen Schanzen rasch vom Feind erklommen!
Libanon! hin ist deiner Zedern Menge,
Und deinen Wäldern ihre Zier genommen.
Das ist das Werk sieh! deiner Trugprofeten!
Im Namen Gottes traten sie einher,
Und logen Trost dir frech in deinen Nöten;
D'rum edlen Warnern gabst du nie Gehör.
Mein Herz erstirbt! zerstört die Gotteslade,
Entweiht, verwüstet ist das heil'ge Zelt,

Geraubt das Diadem der ew'gen Gnade!
Selbst dein Orakel, das dir licht erhellt
Der Zukunft Nacht, auf dem geheimnißvoll
Der Gottesname prangte, ist entwendet,
Als ob die Eule nun enthüllen soll
Was bang die Zeit als dunkle Räthsel spendet.
Soll diese etwa Heilung dir verkünden?
Erhebung deinem Sturze profezei'n?
Kannst Sonne du noch deine Glutbahn finden?
Gestirne, strahlt ihr noch im alten Schein?
Was blikt ihr schweigend auf das Erdenthal?
Erhebt den Jammerton, den bitterschweren!
O Mond! ihr Himmelslichter ohne Zahl!
Verströmet unaufhörlich heiße Zähren!
Verhüllet euer Licht, es ist so trübe
Seit euch der Sterne schönster ausgebrannt!
Geschwungen ist die Geißel wild zum Hiebe,
Es würgt die Fürsten rohe Henkershand.
Verweht ist aller Freude würz'ger Schauer,
Gesprungen sind die Saiten deiner Harfen,
Selbst Libanon verzagt in dumpfer Trauer,
Stumm bangt der Karmel diesem Sturm, dem scharfen.
Wie todesbleich die Fürsten da erblassen!
Wie deiner Weisen Weisheit rasch geschwunden
Am Zornestag, als der Barbaren Massen
Dich überschwemmt. Wie grauenvoll! gebunden
In Ketten deine Edlen. Zions Kraft
Gebeugt die Jugendstolze, und die Krone,
Die königliche, gierig wild entrafft.

Die geistlichen Gewänder wie zum Hohne,
Von frechen Dirnen schamlos kühn entweiht.
Wie schmükt sie buhlerisch der Steine Pracht,
Des fürstlichen Geschmeides Herrlichkeit!
Wie rasch des Meeres Flut erbraust mit Macht —
So stürmte in die Stadt der Hochgesänge,
Die festen Mauern stürzend, niederreißend,
Der Feindesscharen ungeheure Menge!
Du stolzer Hügel, reichbelaubt und gleißend,
Du bist die ungeheu're Leichenhülle
Die die Erschlag'nen birgt im tiefen Schoß,
Verwesend in des Riesengrabes Stille,
Verweht für alle Zeiten, namenlos.
Wie's da in meinem Innern braust und gährt,
Wie meine Thränen, bittr'em Quell entflossen!
Mit Löwengrimme wurdest du zerstört,
Und deiner jungen Leuen Blut vergossen.
Wie wild der Sturm auch rast im tollen Spiele,
Zerstiebt der Erndte Glük wie Spreu im Winde —
Er gleicht doch nicht dem Sturme der Gefühle,
Gedenk' ich deiner falschen Priester Sünde.
Mein Fleisch verdorrt am schlotternden Gebein,
Seh' ich gebrochen Jakobs Heiligtum,
Zertrümmert den Altar, so himmlisch rein,
Verödet deine Höfe, todt und stumm.
So rasch verwelkt du edler Zweig, so hold,
Mit üpp'gen Blüten wunderbar geschmükt,
Der frisch und freudig in des Morgens Gold,
Mit Duft und Reizen alle Welt entzükt.

Noch hast du Zeit! — O kehr' zu ihm zurük,
Zu deinem Schöpfer, der dich treu gepflegt,
Dann blüht dir neu das alte Liebesglük,
Wenn er dich treu an seine Brust gelegt.
Gebietend — grüßt das Land dich stolz als Leu,
Und deine Ströme rauschen hin in Pracht,
Gewalt'ge Schiffe ziehen dann vorbei,
Und beugen sich der neuerstarkten Macht.
Vorahnend send' ich dir der Seele Gruß,
Mir schwillt das Herz voll Lust bei solchem Segen,
Wie nach der Flammenhitze Hochgenuß,
Wenn sanft hernieder rieselt milder Regen.
Wie nach der Sonnenglut der Wolke Hauch,
Besel'gend thauet auf die Garbe nieder,
So jauchzt und jubelt meine Seele auch,
So preisen hochbegeistert meine Lieder
Den heil'gen Tag, der freudig bringt die Kunde,
Wenn Freudenboten aller Welt verkünden,
Daß angebrochen die Erlösungsstunde,
Und Ruh' und Frieden wonnig dich umwinden.

X.

Klage, Zions wüste Stätte,
Wie ein Weib im Schmerzensbette,
Mädchen gleich im Trauerflor,
Das den Jugendfreund verlor!

Um Paläste die verlassen,
Durch die eig'ne Schuld bezwungen,
Als der Gotteslästr'rer Massen
In ihr Heiligtum gedrungen,

Um die Heil'gen, fortgestoßen,
Sänger wonniger Gesänge,
Um das Blut, so reich vergossen,
Wie in Strömen Flutenmenge.

Um die Lust- und Jubelchöre,
Die im Straßenkampf vernichtet,
Um die Kreise heil'ger Lehre,
Um die Edlen, die gerichtet.

Um die Opfer der Geweih'ten,
Die gesühnt die Erstgebornen,
Um des Tempels Kostbarkeiten,
Um den Altar, den verlornen.

Um die edlen Königssöhne,
Die stolz Davids Stamm geboren,
Daß verdunkelt ihre Schöne,
Als die Krone ging verloren.

Um den Glanz, dahingeschwunden,
Als ihr Heiligtum zerfallen;
Seit dem Druk, der dich gebunden,
Bußgewänder sie umwallen.

Um die Wunden, Qualen weine,
Die der Frommen Stamm entblättert,
Als am scharfen Felsgesteine,
Knab' und Säugling man zerschmettert.

Um der Gegner Jubelschreien,
Die noch spotten, wenn sie weinen;
Um die Qualen ihrer Freien,
Ihrer Edlen, ihrer Reinen.

Um den Frevel wilder Feinde,
Die ihr Weg und Steg bedrängten,
Um die Scharen der Gemeinde,
Der Verbrannten und Versengten.

Um das rohe Hohngelächter,
Als da Leichen zahllos fallen,
Um das Toben blut'ger Schlächter,
Mitten in des Tempels Hallen.

Um des heil'gen Namens Schmähen,
Den entweiht der Dränger Chöre,
Steigt zu dir auf Zions Flehen,
Dieses Flehens Wort erhöre!

Klage, Zions wüste Stätte,
Wie ein Weib im Schmerzensbette,
Mädchen gleich im Trauerflor,
Das den Jugendfreund verlor! —

Sabbatgruß.

(Lecha=Dodi.)

Entgegen mein Freund der Braut mit Verlangen,
Laßt uns den heiligen Sabbat empfangen!

Gedanken und Streben
In Eins zu verweben,
Verkündet ein Ruf des Ewigen Wille;
Gott der Alleinige,
Sein Name der Einige,
Genannt in Ruhmes und Herrlichkeits Fülle.

Entgegen dem Sabbat kommt und gehet,
Aus dem die Quelle des Segens wehet,
Geweiht schon dem Herrn vom Anbeginn,
Die Schöpfung vollendend nach göttlichem Sinn.

O Königstempel! Stadt der Verheerung!
Erhebe dich aus deiner Zerstörung;
Du weil'st schon so lange im Jammerthal,
Nun naht der Erbarmer im Rettungsstrahl.

Schütt'le ab, mein Volk! des Staubes Schande,
Und schmücke dich stolz im Festtagsgewande,
Aus Bethlehem nahet Isais Sohn,
Und bringt dir Erlösung, und Heil und Lohn.

Ermunt're dich! ermunt're dich! dein Stern erglänzet wieder,
Wach' auf mein Geist! wach' auf mein Geist! und singe Jubellieder;
Flamm' auf du Gotteslicht, hellstrahlend weit und breit.
Dir leuchtet klar und sichtbar Gottes Herrlichkeit.

Hinweg die Scham, hinweg den Gram von meinem Volke,
Was krümmt es sich, was ängstigt dich des Kummers Wolke?
Ja, in dir finden die Gebeugten Schuz und Wehre;
Neu aus den Trümmern steigt empor die Stadt, die hehre.

Die dir Zerstörung einst gebracht, sieh' da! sie sind vernichtet;
Die dir Verderben zugedacht, sie sind verbannt, gerichtet,
Zu seiner Freude hat der Himmel dich geweiht,
Wie sich der holden Braut der Bräutigam erfreut.

Nach Ost und West ist dir dein Reich erschlossen,
D'rum fürchte Gott allein, nicht irdische Genossen;
Bald nah't der Retter dir aus Perez Stamme
Und jubelnd bricht empor des Frohsinns Flamme.

D'rum zieh' ein in Frieden,
Die Schmuk ist hienieden
Und Krone dem Gatten und Seligkeit;
Im Kreis der Gepries'nen,
Der gläubig Erkies'nen,
Willkommen! o Braut voll Lieblichkeit.

Entgegen mein Freund der Braut mit Verlangen,
Laßt uns den heiligen Sabbat empfangen.

Schlußgesang.

(Anim-Semiroth.)

Im Gesang mich zu erheben,
Will ich Liederkränze weben,
Denn zu Gottes Himmelsthor,
Schmachtet meine Seel' empor.

Von der Erde düst'ren Matten,
Strebt mein Geist zum Allmachtsschatten,
Dein Geheimniß zu ergründen,
Schöpfungs-Räthsel zu verkünden,

Preis' ich deine Herrlichkeit,
Schwelgt mein Geist in Seligkeit,
Und mein Herz voll Sehnsuchts-Triebe,
Flammt entzükt vom Strahl der Liebe.

D'rum in Hymnen dir zu Ehren,
Will sich stolz mein Lied verklären,
Um in süßen Sangesweisen,
Meines Schöpfers Ruhm zu preisen.

Preisen deines Ruhmes Schimmer?
Und mein Auge sah dich nimmer!
Nur in Gleichnissen und Bildern,
Darf ich unerkannt dich schildern.

Den Profeten nur, den Sehern,
Mochtest du, o Herr, dich nähern;
Ohne Schleier, ohne Hülle,
Reich in Herrlichkeiten Fülle.

Deine Größe, deine Stärke,
Deiner Allmacht Wunderwerke,
Dein erhab'nes Wirken, Walten,
Durften sie im Wort entfalten.

Doch sie gaben Gleichniß, Zeichen,
Ohn' das Urbild zu erreichen,
Schwankend in der Schöpfung Kreisen,
Wollten sie den Schöpfer preisen.

In Gebilden, vielgestaltig,
Faßten sie dich mannigfaltig,
Doch im reichsten Bilderscheine
Bliebst du stets nur Gott — der Eine!

Bald als Greis Ehrfurcht verlangend,
Jüngling bald in Schönheit prangend,
Grau das Haar wie Schneeesfloken,
Schwellend bald in üpp'gen Loken.

Greis — mit des Gerichtes Wage,
Jüngling — in der Schlachten Tage;
Wie ein Kriegsheld, kraftumflossen,
Lenkend seine Schlachtgenossen.

Auf dem Scheitel, siegentbrannt,
Ist der Helm des Heils gespannt,
Seine Rechte, hochgeschwungen,
Hat des Sieges Kranz errungen.

Von dem Thau, der Morgens quillt,
Strahlt sein Haupt frisch, glanzerfüllt,
Perlen, die die Nacht verstreu't,
Sind den Locken eingereih't.

Hat auch mich mit Glanz geschmüket,
Weil mich seine Huld beglüket,
Seine Gnade für und für,
Ist mir Schmuk und Kronenzier.

So wie Gold gediegen, rein,
Glänzt sein Haupt im Stralenschein,
Auf der Stirne wunderbar,
Prangt der Name Gottes klar.

Sieh! voll Ehrfurcht, Freudigkeit,
Naht sein Volk zum Dienst bereit,
Windet mit des Dankes Lohne,
Ihm zur Ehr' und Schmuk die Krone.

Und sein Haupthaar reichgewunden,
Schwillt wie in der Jugend Stunden,
Und in schwarzen Lokenringen,
Niederwallen dunkle Schlingen.

Und sein Wohnsitz glanzentfaltet,
Wo sein göttlich Recht gewaltet,
O du Uibermaß der Freude,
Prangt im reichsten Lichtgeschmeide.

Und es naht dein Volk dem Throne,
Deine Liebe, seine Krone;
Tempel deiner Herrlichkeit,
Herrscherschmuk nur dir geweiht.

Die gebeugt, wird er erheben,
Wird mit Kränzen sie umweben,
Die er würdig hielt zu schmüken,
Wird mit Hoheit er beglücken.

Mög' auch mich sein Glanz umwallen,
Meine Huld'gung ihm gefallen;
Mög' sein Odem mich umwehen,
Steigt empor mein heißes Flehen.

Einst — mit glänzendrothem Bande,
Hüllt er sich im Blutgewande,
Wenn er streng mit Keltertritten,
Kömmt von Edom hergeschritten.

In des Knotenbands Symbole,
Gab er Deutung, wundervolle,
Ihm, dem schon von Angesichte,
Gott erschien im Himmelslichte. —

Hast mit Huld dein Volk erkiesen,
Das in Demut dich gepriesen;
Und in seiner Hymnen Klängen,
Thronst du hehr in Hochgesängen.

Was im Anfang du verkündet,
Lebt als Wahrheit festbegründet;
Auch für kommende Geschlechter,
Bleibst du stets des Heiles Wächter.

Darum meines Liedes Schallen,
Nimm es auf mit Wohlgefallen,
Mög' es mit Begeist'rungs-Schwingen,
Auf zu deinem Throne dringen.-

Möge meines Lob's Entzüken,
Strahlenreich dein Haupt umschmüken,
Möge mein Gebet die Lüfte
Frei durchweh'n, wie Opferdüfte.

Wolle Herr das Lied des Bangen,
Mit der Milde Huld empfangen;
Wie den Jubelton, erklungen,
Bei den Opfern dir gesungen.

Auf, mein Lied! Erheb' dich kühn,
Zu dem Weltenzeuger hin;
Zu dem Schöpfer sei mir Bote,
Zu dem allgerechten Gotte.

Meinem Lobgesang, dem frommen,
Ruf' in Milde Herr: „Willkommen!“
Wie in Tagen, die vergangen,
Einst Gewürzduft du empfangen.

Mög' er mit der Anmut Schwingen,
Auf zu deinem Throne dringen,
Denn zu Gottes Himmelsthor,
Schmachtet meine Seel' empor.

Mosis Abschiedssang.

(Haasinu.)

Ihr Himmel hört! mein Wort erschallt;
Horch Erde, wie's vom Munde wallt!

Wie Regenströme meine Lehre,
Mein Klang, wie milde Thaueszähre,
Wie Sturmesguß auf junge Sprossen,
Wie Wolkenflut auf's Gras ergossen!

Den Gottesnamen ruf' ich an;
Denn ihm nur huld'ge Jedermann.

Der Fels, in seinem Thun vollendet,
Der Recht nach jeder Richtung spendet,
Der Gott der Treue, trugesleer,
O wie gerecht und grad' ist er!

Verderben, ist es seine Wahl?
O nein! der Kinder Sündenzahl!
Geschlecht voll Tück' und Falsch zumal.

Ist das dein Dank an Gott? fürwahr
Nichtswürd'ges Volk, verstandesbar!
Dein Vater ist's der dich entfaltet,
Dein Schöpfer, der dich hat gestaltet.

Denk' an der Vorzeit ferne Weiten,
Entschwundener Geschlechter Zeiten.
Den Vater frag', er wird dir's künden,
Bescheid wirst du bei Greisen finden.

Als Gott Besitz den Völkern gab,
Und schied die Nationen ab,
Zog er die Grenzen klar und hell,
Nach Zahl der Kinder Israel.

Des Ew'gen Theil sein Volk ist's bloß,
Und Jakob seines Erbes Loos.

Er stand zu ihm im Land, wo öde
Voll Grauen heult der Wildniß Fehde;
Umringt es mild, umschlingt es mild,
Bewahrt es wie sein Augenbild.

So wie der Aar sein Nest umschwebt,
Und über seinem Jungen webt,
Die Fitt'ge spannend im Umschlingen,
Und trägt es hoch auf seinen Schwingen.

So lenkt's und führt's der Herr allein,
Mit ihm kein fremder Gott kann sein!

Ließ es des Erdballs Höh'n ersteigen,
Gab ihm der Felder Frucht zu eigen,
Und Honig saugen aus Gestein,
Aus Felsenkiesel Oel so rein.

Der Schafe Milch, der Rinder Rahm,
Das Fett der Lämmer, wundersam,
Von Baschans Widdern, Böken stark,
Und von des Weizens Nierenmark,
So wie der Traube feur'ges Blut,
Trankst schäumend du im Uibermut!

Jeschurun fett, schlug aus so dreist,
Wie wardst du überdik und feist!
Daß Gott den Schöpfer es verließ,
Des Heiles Fels bald von sich stieß.

Ereifern ihn durch Fremde gar,
Betrüben ihn durch Greu'l sogar!

Ungöttern, Geistern opfern sie,
Den Mächten, die gekannt sie nie.
Den Neuen, jüngst erst angelangt,
Vor den den Vätern nie gebangt.

Verschmähst den Fels der dich gemacht,
Denkst nicht an Gott der dich vollbracht.

Der Ew'ge sah es tief ergrimmt,
Ob Söhne, Töchter schwer verstimmt.

Sprach: will von dir mein Antlitz wenden,
Will seh'n einmal, wie wird es enden?
So ein Geschlecht verkehrt, zerstreu't,
Und Kinder ohne Redlichkeit!

Wenn mit Ungöttern sie mich höhnen,
Mit Nicht'gem mich zu kränken wähnen,
Mit Unvolk biet' ich ihnen Hohn,
So nicht'ger Troß der kränkt sie schon!

Mein Zorneshauch ist angefacht,
Und flammt bis in der Hölle Schacht,
Verzehrt die Erd' — die Frucht entschwindet,
Die Glut der Berge Grund umwindet.

Will alles Leid auf sie ergießen,
All' meine Pfeile auf sie schießen!

Vom Hunger siech, verzehrt von Glut,
Schik' Pesthauch ich und Raubthiers Wut,
Daß da der Geifer sie erreicht,
Gewürm's das nur im Staube schleicht.

Das Schwert soll sie von außen fassen!
Die Furcht mach' innen sie erblassen!
Den Jüngling und die Jungfrau zart,
Den Säugling wie den Mann bejahrt.

Nun, dacht' ich, will ich sie zerstreu'n,
Vertilgt soll ihr Gedächtniß sein!

Scheut' ich des Feindes Kränkung nicht!
Daß nicht im Wahn der Dränger spricht:
„Seht! uns're Hand ist's, hoch an Macht,
Und nicht der Ew'ge hat's vollbacht!"

Ist's doch ein Volk dem Rath gebricht,
Und Einsicht, wahrlich! hat es nicht!

Wenn weise, müßten's sie's bedenken,
Und auch Bedacht dem Ausgang schenken.

Könnt' Einer jagend Tausend drängen?
Zwei über Massen Flucht verhängen?
Hätt' nicht ihr Hort verkauft sie eben,
Der Ew'ge nicht sie preisgegeben!

Daß unser'm Hort nicht gleicht ihr Hort,
Entscheidet selbst des Feindes Wort.

Ihr Weinstok stammt von Sedom nur
Und von Amorahs arger Flur,
Nur Wermutbeeren sind die ihren,
Nur gift'ge Trauben die sie zieren.

Ihr Wein von Drachengift erfüllt,
Von Otterngalle tödlich quillt.

Mein Rathschluß birgt es wie ein Riegel,
Gleich meinen Schätzen unter Siegel.

Vergeltung! Rach'! ist mein Beschluß.
Kommt einst die Zeit, und wankt ihr Fuß,
Ihr Unheilstag ist nahe dann,
Und ihre Zukunft rauscht heran!

Trifft erst sein Volk das Gottgericht,
Fehlt seinen Knechten Milde nicht,
Sieht er, daß ihre Macht geschwunden,
Dahin was fest war und gebunden.

Wo ihre Götter? fragt er zwar,
Der Fels der ihr Vertrauen war?

Die ihrer Opfer Fett verzehrt,
Und ihren Opferwein begehrt;
Sie mögen euch zur Hilf' ersteh'n,
Daß über euch ihr Schuz soll weh'n!

Daß ich allein es bin, erkennt?
Und mit mir keinen Gott mehr nennt!
Nur ich kann tödten und beleben,
Verwunden, doch auch Heilung geben
Aus meiner Hand, da hilft kein Streben!

Wenn meine Hand empor ich hebe,
Und sag': so wahr ich ewig lebe!

Wenn ich mein blziend Schwert geschliffen,
Den Richtspruch meine Hand ergriffen,
Trifft Rache meine Gegner schon,
Und meine Hasser bitt'rer Lohn!

Mit Blut ist mein Geschoß getränkt,
Und tief in's Fleisch mein Schwert gesenkt,

Erschlag'ner und Gefang'ner Blut,
Zerbroch'ner Feindesschädel Blut.

Sein Volk preis' jegliches Geschlecht;
Denn seiner Diener Blut er rächt;
Es fühlt der Feind des Rächers Hand,
Der also sühnt sein Volk, sein Land!

Das Hohelied.

Lied der Lieder Salomos. [1]

I.

Ein Kuß! von seinem Mund ein Kuß!
O Lieb' ist mehr denn Wein-Genuß!

Wie duften deine Salben mild!
Dein Namen frisch wie Balsam quillt,
D'rum Glut der Mädchen Brust erfüllt.

O laß uns flieh'n! zieh' mich dir nach!
Mich hält der König im Gemach;
Daß wir uns froh in Lust versenken,
An deiner Minne Kosen denken.
Denn echte Liebe, treu und rein,
Ist köstlicher als duft'ger Wein.

Ihr Zionstöchter! seht, o seht!
Wohl bin ich schwarz, doch reizumweht.
Den Zelten gleich in Kedars Schoß,
Gleichwie der Teppich Salomos.

Schau't nicht auf mich, weil ich so braun,
Mich schwärzten Sonnengluten, traun!,
Ach, meiner Muttersöhne Wüten,
Zwang mich den Weinberg stets zu hüten,
Nicht schont' ich meines Weinbergs Blüten.

O sprich mein Seelenliebling! sag':
Wo weidest, lagerst du am Tag?
Warum soll ich vergebens wandern
Von einer Hürde zu der andern?

„Weißt du es nicht, du Schönste der Frauen!
Mußt du die Spuren der Schafe nur schauen,
Weiden die Ziegen emsig und treu,
Bei Zelten der Hirten allerlei!“

Dem Roß in Pharaos Gespann,
Mein Liebchen ich vergleichen kann.

„Wie Kettlein so herrlich die Wangen dir zieren!
Wie schön und wie hold dein Hals ist in Schnüren!

„Ja goldene Spangen dein passend Geschmeid,
Mit silbernen Pünktchen gar reichlich bestreut.“

„Bis in's Gemach, wo der König verweilt,
Würzigen Duft meine Narde vertheilt!“

Ein Myrrhensträuschen mein Freund mir dünkt,
Wenn er an meinen Busen sinkt.

Du bist mir eine Cypertraube,
Freund! aus Engedis Rebenlaube.

„Wie schön, o Geliebte! wie schön du fürwahr!
Wie Täubchen so bliket dein Augenpaar!“

Wie schön mein Freund, und anmutreich
Und unser Lager grün und weich.

Und Zedern unser Haus verhüllen,
Zypressen das Getäfel füllen.

II.

Die Rose von Saron, so ward ich genannt,
Als Lilie des Thales bin weit ich bekannt.

„Wie Rose unter Dornen glüht,
So Liebchen unter Mädchen blüht.“

Wie Apfelbaum unter den Bäumen im Wald,
So unter den Knaben des Trauten Gestalt.
Im lieblichen Schatten wie wonnig sich's ruht,
Wie mundet die Frucht dieses Baumes mir gut!

Was soll ich im Hause von Wein nur belebt,
Wo falsch man die Fahne der Liebe erhebt?

Sei's! reicht Most, gebt Wein mir zum Trank!
Denn krank bin ich sehr, — aus Liebe so krank.

Auf seiner Linken da ruh'te mein Haupt,
Von seiner Rechten umfaßt und umlaubt.

Jerusalems Töchter! achtet den Schwur!
Beschwört's bei den Rehen, Gazellen der Flur:
Nicht weket die Liebe, nicht reget sie an,
Wenn selbst sie erwacht, dann stürmt sie heran.

Ruf des Geliebten! — schon naht er beschwingt,
Er hüpft über Berg', über Hügel er springt.

Mein Freund gleicht dem Rehe, dem Hirsche so jung;
Sieh! hinter der Mauer da steht er im Sprung;
Und späht durch die Fenster, Sehnsucht im Blik,
Und lugt durch die Gitter, hoffend auf Glük.

Dann lispelt mein Trauter und flehet und spricht:
„Auf Schäferin hold, komm zögere nicht!

„Der Winter, der eis'ge, verschwunden, verflogen,
Der Regen, der schaur'ge, hat nun sich verzogen.

„Am Boden da prangen die Blumen schon wieder,
Die Zeit des Gesangs kam, der wonnigen Lieder,
Turteltäubchen beginnet sein Girren schon wieder.

„Feigenbaum würzt schon die Knospen so grün,
Schwellende Reben — sie duften und blüh'n,
Auf, Schäferin hold! komm' lasse uns zieh'n!

„In felsigen Rissen, in Schluchten und Klüften
Darfst du mein Täubchen! dein Angesicht lüften,

Da soll mich der Zauber der Stimme umweh'n,
Denn hold ist ihr Klang — dein Antlitz so schön!"

Fahet die Füchse, die Füchse so klein!
Die Weinbergverwüster, fanget sie ein,
Denn unser Weinberg strozet von Wein.

Mein ist der Traute und jezt bin ich sein,
Und unter Rosen da weidet er fein.

Wenn kühler der Tag weht, die Schatten entflieh'n,
Kehrt neu mein Geliebter, kehrt wieder dahin;
Und gleichet dem Hirschen, dem Jungen der Rehe,
Und hüpfet und springt über bergichte Höhe!

III.

Nachts auf meinem Lager bang,
Sucht' den Freund mein Herzensdrang,
Fand ihn nicht — und suchte lang.

Springe rasch vom Lager auf,
In die Stadt renn' ich im Lauf,
Durch die Straßen, durch die Gassen,
Ihn zu suchen, ihn zu fassen,
Ihn, der meiner Seele Licht,
Sucht' ihn lang', und fand ihn nicht.

Trafen mich die Wächter kühn,
Die da durch die Straßen zieh'n:
„Den ich liebe, sah't ihr ihn?“

War kaum fort, gar tief betrübt,
Fand ich den mein Herz so liebt,
Halt' ihn fest, lass' ihn nicht aus,
Bring' ihn in der Mutter Haus,
Zog ihn nach mit fester Hand,
Hin wo meine Wiege stand.

„Jerusalems Töchter! achtet den Schwur!
Beschwört's bei den Rehen, Gazellen der Flur!
Nicht weket die Liebe, nicht reget sie an,
Wenn selbst sie erwacht, dann stürmt sie heran!" —

Wer nahet, wer kommt aus der Wüste daher?
Von Weihrauch und Myrrhen ein Rauchsäulenmeer!
Mehr als Krämergewürze, viel mehr!

Seht Salomos Sänfte, von sechzig Getreuen
Umgeben, Helden aus Israels Reihen.

Mit Schwertern umgürtet, krieg'rische Reken,
Das Schwert an der Hüft' ob nächtlicher Schreken.

Die Sänfte gezimmert von Libanons Holz,
Silbern die Säulen, und oben gar stolz
Die Deke von Gold; purpurn die Lehnen,
Und innen die Lieb' von Jerusalems Schönen.

Geht und schauet ihr Töchter von Zion!
Salomon seht! auf dem Haupte die Kron';
Die Krone mit der ihn die Mutter erfreut'
Am Tag seiner Hochzeit und Freudigkeit!

IV.

„Schön bist du Holde! von süßer Gestalt,
Täubchen die Augen von Loken umwallt,
Ziegen dein Haar so üppig und glatt,
Wie sie da lagern am Gilead.

„Und deine Zähne wie Lämmer im Reigen,
Wenn erfrischt aus den Fluten sie steigen,
Wenn zwillingträchtig einher sie wallen,
Und fehlgebärend keines von allen.

„Und deine Lippen purpurne Fäden,
Aus lieblichem Munde, liebliche Reden,
Wie die Granate in Hälften gespalten,
So deine Wangen, die Lokenumwallten.

„Herrlich dein Hals der blendende, schwanke,
Herrlich wie Davids Thurm, der schlanke,
Waffenburg wonnig von Schilden umschlossen,
Tausende Schilde von Heldengenossen.

„Deine zwei Brüste wie Rehe die kosen,
Zwilling der Hindin, gelagert auf Rosen.
Schwebt hin der Tag auf schatt'gen Flügeln,
Komm' ich zu Myrrhen — Weihrauchshügeln.

„Wie schön meine Schäf'rin, wie bist du so schön!
Daß gar keine Fehle an dir ist zu seh'n.

„Mit mir vom Libanon walle als Braut,
Mit mir vom Libanon selig und traut;
Vom Gipfel Amanah's blike gar weit,
Vom Schenir und Chermon voll Seligkeit,
Hoch oben wo schon lagern die Leu'n,
Vom Pardelgebirg' wie mag dich's da freu'n!

„Du nahmst mir das Herz, o Schwester! o Braut!
Als kaum du mit einem Blik mich geschaut,
Mit einem Kettlein des Halses so traut.

Wie süß deine Liebe, hold Schwesterlein!
Viel süßer, o Braut! als köstlicher Wein,
Duft deiner Salben, denn Gewürze so fein.

Süßes verströmt deine Lippe so wonnig,
Dir träuft vom Munde Milch und Honig,
Deiner Gewänder besel'gender Duft,
Würziger Braut! als Libanons Luft.

Ein Garten, o Schwester! bist du verwahrt!
Ein Quell, der geschlossen, Bräutchen so zart!
Versiegelt ein Born der lieblichsten Art.

Ein Hain von Granaten, die Schößlinge frisch,
Von Cypern und Narden ein köstlich Gemisch.

Von Narden und Krokus, von Zimmet und Rohr,
Von Aloen, Myrrhen, ein duftiger Flor;
Von Stauden des Weihrauchs üppig und süß,
Von edlen Gewürzen ein Paradies.

„Lebendigen Wassers ein Gartenquell,
Rieselnd vom Libanon, silbern hell!“

O Nord! o Süd! durchströmt die Lüfte!
Durchweht den Garten, streu't aus Düfte!
In Garten komm' mein Freund, der süße,
Ihn lab' die Frucht, er sie genieße! —

V.

„Schwester! o Braut! in den Garten ich kam,
Myrrh' und Gewürz' zugleich ich mir nahm,
Aß von dem Seim und dem Honig zugleich;
Trank von der Milch und dem Weine so reich.
Esset und trinket! die Lust ist erschlossen!
Schwelgend berauscht euch Freunde! Genossen!"

Ich schlaf', allein mein Herz — es wacht;
Da ruft mein Freund behutsam, sacht;
Er pocht: „Thu' auf, o Schwester traut!
Mein Täubchen hold, du süße Braut!
Der Thau hat schon mein Haupt erreicht,
Von Tropfen sind die Loken feucht."

„Ich hab' mich vom Gewand befreit,
Soll anzieh'n wieder ich mein Kleid?
Gewaschen meine Füße rein,
Wie sollen sie besudelt sein?"

Durch's Fenster strekt er seine Hand,
Von Mitleid war mein Herz entbrannt.

Auf stand ich — und die Thür war offen;
Von Myrrhen meine Hände troffen,
Die Finger feucht, von Myrrhen fließend,
Am Griff des Riegels sich ergießend.

Als ich dem Trauten aufgemacht,
Fort war der Freund — hin in der Nacht.
Wie war die Seele mir entgangen
Als er so sprach mit Liebesbangen.
Nun sucht ich ihn, und fand ihn nicht —
Ich rief ihm zu — doch sprach er nicht.

Da trafen mich die Wächter kühn,
Die wachend durch die Straßen zieh'n.
Es schlug mich wund die Wächterschar.
Und nahm mir meinen Schleier gar.

Ihr Zionstöchter, seid beschworen!
Trefft den ihr an, den ich verloren,
Was sagt ihr ihm mit treuem Sinn?
Daß ich gar krank vor Liebe bin!

„Was ist dein Freund vor andern Freunden?
Der Frauen Schönste sag' es nur!
Was ist dein Freund vor andern Freunden,
Daß du so flehst mit heißem Schwur?"

Mein Trauter der ist roth und weiß,
Vor Tausenden ziemt ihm der Preis.

Das feinste Gold sein Haupt, so prächtig,
Die Loken wallend, rabenmächtig.

Gar sanfte Tauben seine Augen,
Die froh an Wasserquellen saugen,
Gebadet mild in Milch so weich
Und bliken doch so ausdruksreich.

So wie ein Würzbett seine Wangen,
Gleich Balsamkästlein duft'ges Prangen;
Wie Rosen träufelnd Myrrh' ergießen,
So seine Lippen auch die süßen.

Die Hände gold'nen Reifen gleich,
Geziert mit Chrysoliten reich,
Der Leib wie reines Elfenbein,
Geschmükt mit edlem Saphirstein.

Die Schenkel mächt'ge Marmorsäulen,
Die stolz auf gold'nen Füßen weilen,
Der Leib wie Libanons Gewalt,
Wie Zedern seine Huldgestalt.

Sein Gaumen süß von edler Rede,
Und jede Anmut hat er, jede.
Dies Alles Zionstöchter, eint
Mein Trauter, mein geliebter Freund.

VI.

„Wohin ging dein Freund!
Herrlichste der Frauen!
Wohin ging dein Freund?
Daß wir nach ihm schauen!“

Mein Freund weilt im Garten
Bei Würzbetten fein,
Weidet in dem Garten,
Sammelt Rosen ein.

Mein Freund ich bin sein,
Mein Freund er ist mein,
Sammelt Rosen ein! —

„Schön bist du Traute, wie Thirza fürwahr!
Wie Zion so hold, drohend wie Kriegesschar.“

„Wende den Blik ab, er blendet so prangend,
Wie Ziegen dein Haar, am Gilead hangend.“

„Und deine Zähne wie Lämmer im Reigen,
Wenn erfrischt aus den Fluten sie steigen,
Wenn zwillingträchtig einher sie wallen,
Und fehlgebärend keines von allen.“

„Wie die Granate in Hälften gespalten,
So deine Wangen, die Lokenumwallten.“

„Wohl hab' ich der Kön'ginnen sechzig an Zahl,
Und Frauen zur Minne achtzig zumal,
Und Jungfrauen blühend ganz ohne Zahl.“

„Doch Ein' ist die Taube, die hold ich erkoren,
Die einzig' der Mutter die sie geboren;
Jungfrauen seh'n sie, preisen sie selig,
Kön'ginnen loben sie, Frauen unzählig.“

„Wer ist die hervorglänzt wie Morgenrothschein?
Licht wie der Mond, wie die Sonne so rein?
Und furchtbar und drohend, wie krieg'rische Reih'n?“

Im Nußgarten schön
Will das Thal ich seh'n;
Ob der Weinstok grün,
Ob Granaten blüh'n.

Kann es selbst kaum sagen,
Kam bald unter Wagen,
Meines Volkes Lust,
Plözlich, unbewußt.

VII.

„Kehr' um, o Sulammith! o kehre zurük!
Zeig' dich du Herrliche! unserem Blik,
Und was wollet ihr schauen an Sulammith?
Den tanzenden Reigen im Doppelschritt!"

„Edle Jungfrau! in den Schuhen wie schön,
Dein schwebender Schritt ist anzuseh'n!
Die Wölbung der Hüfte ein köstlich Geschmeid,
Wie es nur wonnig uns Künstlerhand beut."

„Dein Nabel ein runder Becher so fein,
Und nimmer gebricht's ihm an köstlichem Wein,
Ein Hügel dein Leib mit Weizen bestreut,
Umhänget von Rosen voll Herrlichkeit."

„Deine zwei Brüste zwei Rehe zusammen,
Zwilling' die einer Mutter entstammen."

„Ein Thurm dein Hals von Elfenbein,
Wie Teiche zu Cheschbon dein Augenpaar rein.
Dein liebliches Näschen nekisch und lachend,
Libanons Wachtthurm Damesek bewachend.“

„Stolz wie der Karmel dein Haupt sich erhebt,
Des Hauptes Loken wie Purpur gewebt,
Ein König in ihren Netzen selbst bebt.“

„Wie schön, wie lieblich der Liebe Gelüste!
Wie Palmen dein Wuchs, wie Trauben die Brüste!“

„Denk' ich': ich klimme die Palme hinauf,
Fasse die Zweige im feur'gen Lauf;
Trauben des Weinstoks die Brüste mir sind,
Duft deines Odems, wie Apfelduft lind.“

„Dein Gaumen gleichet dem edelsten Wein,
Fließt in die Kehle des Freundes hinein,
Läßt feucht die Lippen des Schlummernden sein!“ —

Nur meines Freundes bin ich,
Und nach mir sehnt er sich.

Geliebter komm' aufs Land,
In Dörfer wohlbekannt.

Früh in den Weinberg geh'n,
Ob grünt der Weinstok seh'n,

Ob sich die Blüt' erschließt,
Ob die Granate sprießt;
Und da an meiner Brust
Gönn' ich dir Liebeslust.

Alraunen duftig prangen,
An unsern Thüren hangen
Der Früchte allerlei,
So alte, wie auch neu'.
Geliebter traut und zart!
Für dich nur aufbewahrt.

VIII.

O wärst du doch mein Bruder treu,
An meiner Mutter Brust gelegen,
Vor aller Welt küßt' ich dich frei,
Wer dürfte tadeln mich verwegen?

In's Mutterhaus würd' ich dich lenken,
Den Lehren horchen freudenvoll,
Wie ich mit würz'gem Wein dich tränken,
Granatenmost dir reichen soll!

Auf seiner Linken ruht mein Haupt,
Von seiner Rechten weich umlaubt.

Ihr Zionstöchter! hört den Schwur,
Der euch so warnungsvoll beschwört:
O wekt und regt die Liebe nur,
Wenn sie es selber heiß begehrt. —

Wer ist's, die aus der Wüst' erscheint,
Voll Glük gelehnt auf ihren Freund?
Hier wekt' ich dich mit Kosen, Scherzen,
Hier unterm Apfelbaum fürwahr!
Hier wo die Muter dich gebar,
Gebar mit Wehen und mit Schmerzen.

Leg' wie ein Siegel fest und warm,
Mich auf dein Herz, auf deinen Arm;
Denn Lieb' ist wie der Tod so stark,
Ihr Eifer fest so wie ein Sarg.
Wie Blitzesgluten Gott entstammen,
Sind ihre Gluten Gottesflammen.

Ein Meer nicht löscht der Liebe Licht,
Ein Strom selbst überschwemmt sie nicht,
Geb' wer für Lieb' sein Gut auch hin,
O sie verschmäht, verachtet ihn! —

Jung Schwesterchen das haben wir,
Noch fehlet ihm des Busens Zier.
Ob denn die Schwester uns einst frommt,
Am Tage, wenn ein Freier kommt?

Wenn spröd' wie eine Mau'r fast,
Bau'n wir uns silbernen Palast,
Ist eine Thür' sie, leicht zugänglich,
Schließt Zederntafel sie hinlänglich.

Bin eine Mau'r, die Brüste Thürme,
Fand Ruh bei ihm, trotz vieler Stürme. —

Den Weinberg, der in Bal-Hamon
Gab Salomo in Hut und Lohn;
Für dessen Früchte, die man pflüke,
Begehrt' er tausend Silberstüke.

Ich hüte meinen Weinberg mir;
Die Tausend, König! bleiben dir,
Zweihundert für der Hut Gebür! —

„Im Garten laß ein Lied mich hören,
Wie die Genossen es begehren.“

„„Flink mein Geliebter! wie auf würziger Höhe,
Flink gleich dem Hirsche, dem Jungen der Rehe!““

Anmerkung.

[1]) Die dialogisirte Form des Hoheliedes, welche die ganze Dichtung festhält, gibt ihm das bestimmte Gepräge dramatischer Conception. Im gegenseitigen Austausche der Ansichten und Gefühle, des Verlangens und der Abwehr, in der drängenden Liebeserklärung des Königs, und der herzhaften Verweigerung Sulammith's, ist die volle Summe der Handlung concentrirt. Der königliche Palast in Jerusalem, wohin Sulammith gebracht wurde, bildet die Scene bis zum letzten Kapitel, in welchem die nun entlassene Schäferin wieder in ihren heimathlichen Bergen erscheint. Die Palastdamen, zur Uiberwachung des Mädchens bestimmt, bilden den Chor, der wie in der griechischen Tragödie wesentlich zur Beleuchtung der Situation beiträgt.

Der Grundgedanke dieser wunderbaren Poesie ist troz der, in flammenden Liebesbildern sich kundgebenden sinnlichen Glut, ein wahrhaft keuscher und sittlicher. Alle Lokungen des fürstlichen Drängers scheitern am Widerstand der züchtigen, ihrem Schäfer treu anhängenden Jungfrau. Sulammith an den König verkauft, erscheint im ersten Kapitel, umgeben von den Palastfrauen. Ihr Monolog, heiße Sehnsucht nach dem Kusse des fernen Geliebten ausdrückend, eröffnet die Handlung. Vom Gefühle hingerissen, verkündet sie ihrer Umgebung ihren Stand, ihre Liebe. Diese verhöhnt sie. Doch die vom reinen Triebe begeisterte Jungfrau beachtet es nicht, und fast halbbewußt, wie im Traume, erzählt sie die Ereignisse ihres frühern Lebens, ihres entschwundenen Glükes. Am Schlusse des dritten Kapitels erst erscheint der König, und mit dem vierten beginnt seine glühende Werbung. Diese dauert bis zum Schlusse des siebenten Kapitels, mit immer steigender Glut, mit dem Aufgebot aller Reizmittel, die ein mächtiger Herrscher einer armen Schäferin nur zu bieten vermag. Bloß die kurze Gegenrede Sulammith's unterbricht zeitweise die Farbenpracht der Liebeswerbung. Durch die veränderte metrische Form im Dialoge suchte ich so viel es möglich, Rede und Gegenrede zu veranschaulichen. Das letzte Kapitel führt uns endlich die entlassene Sulammith im heimatlichen Garten ihres Geliebten vor. Der König, das Fruchtlose seiner Werbung erkennend, schenkt ihr die Freiheit. Da erzählt sie die Treulosigkeit ihrer Brüder, die sie an den König verkauften, und singt am Schlusse das Lied, welches sie in der Gefangenschaft gesungen: „Daß ihr Geliebter stets flink und treu wie das Junge der Rehe ihr nahen möge.“

Möge diese kurze Erläuterung einigermaßen zum klareren Verständniß dieser so oft und von so Vielen bald natürlich, bald allegorisch gedeuteten Dichtung beitragen. Die genauere und vollständige Deutung findet der Leser im vortrefflichen Kommentare des Philippson'schen Bibelwerkes, welches in keiner gebildeten Familie fehlen sollte, und dessen Gediegenheit, gleich seiner praktischen Brauchbarkeit nicht dankbar genug anerkannt und gewürdigt werden können.

Der Uibersetzer.

Druck von C. Grumbach in Leipzig.